Mercadeo en las redes sociales

Cómo Dominar su Nicho en 2019 Con Su Pequeña Empresa y Su Marca Personal Utilizando Influencers de Instagram, Youtube, Facebook, LinkedIn, Pinterest y Twitter

© **Copyright 2019**

Todos los derechos reservados. Ninguna parte de este libro puede ser reproducida de ninguna forma sin el permiso por escrito del autor. Los revisores pueden citar pasajes breves en las reseñas.

Descargo de responsabilidad: Ninguna parte de esta publicación puede ser reproducida o transmitida en ninguna forma ni por ningún medio, ya sea mecánico o electrónico, incluyendo fotocopias o grabaciones, ni por ningún sistema de almacenamiento y recuperación de información, ni transmitida por correo electrónico sin el permiso por escrito del editor.

Aunque se ha intentado verificar la información proporcionada en esta publicación, ni el autor ni el editor asumen responsabilidad alguna por errores, omisiones o interpretaciones contrarias de la información aquí contenida.

Este libro es sólo para fines de entretenimiento. Los puntos de vista expresados son los del autor solamente, y no deben ser tomados como instrucciones o mandatos de expertos. El lector es responsable de sus propias acciones.

La adhesión a todas las leyes y regulaciones aplicables, incluyendo las leyes internaciones, federales, estatales y locales que rigen la concesión de licencias profesionales, las prácticas comerciales, la publicidad y todos los demás aspectos de la realización de negocios en los EE. UU, Canadá, Reino Unido o cualquier otra jurisdicción es responsabilidad exclusiva del comprador o lector.

Ni el autor ni el editor asumen responsabilidad alguna en nombre del comprador o lector de estos materiales. Cualquier desprecio percibido de cualquier individuo u organización es puramente involuntario.

Índice

INTRODUCCIÓN 1

SECCIÓN 1: ESTRATEGIA EN LAS REDES SOCIALES 3

CAPÍTULO 1: ESTABLECIENDO SUS OBJETIVOS 4
    ESTABLECIENDO SUS METAS DE NEGOCIOS.. 4
        Estableciendo sus metas para las redes sociales.. 6
        Determinar qué plataformas funcionarán mejor para usted...................... 7

CAPÍTULO 2: ESCOGIENDO SU ENFOQUE 9
    APRENDIENDO LOS BENEFICIOS DE CADA PLATAFORMA 9

CAPÍTULO 3: RIESGOS A EVITAR 14
    EXTENDERSE DEMASIADO 15
    INVERTIR TIEMPO EN LA PLATAFORMA INCORRECTA............................16
    NO ABRAZAR LA CURVA DE APRENDIZAJE 16
    MEZCLAR LO PERSONAL CON LO PROFESIONAL 17

CAPÍTULO 4: LOS RIESGOS PELIGROSOS QUE LOS "EXPERTOS" LE CUENTAN..19
    Mito #1: Los análisis de las redes sociales no son importantes..................19
    Mito#2: Las redes sociales son solo para conseguir nuevos clientes...........21
    Mito#3: Ignore las opiniones y comentarios negativos 22
    Mito#4:"Blank" está muerto...24
    Mito#5: Si no se está vendiendo, no se está comercializando 25

SECCIÓN 2: INSTAGRAM..27

CAPÍTULO 5: ESTADÍSTICAS DE INSTAGRAM Y TENDENCIAS 28
   Estadísticas de Instagram 28
   ¿Quién NO debería usar Instagram? 29

CAPÍTULO 6: CREANDO UNA ESTRATEGIA PARA INSTAGRAM 31
   Determinando sus necesidades de exposición 31
   Cómo crear una estrategia para su inicio 33
   Estrategias para sus historias y vídeos en vivo 36
   Estrategias para su canal IGTV 37
   Comentando y dando me gusta 39

CAPÍTULO 7: USANDO INFLUENCERS 41
   Diseñando un programa de referidos 42
   Calificando a los influencers 43
   Acercamiento adecuado a los influencers 45

SECCIÓN 3: YOUTUBE 49

CAPÍTULO 8: ESTADÍSTICAS DE YOUTUBE Y TENDENCIAS 50
   Estadísticas de YouTube 50
   Tendencias en YouTube 51
   ¿Quién NO debería estar en YouTube? 52

CAPÍTULO 9: CREANDO UNA ESTRATEGIA PARA YOUTUBE 54
   Creando series 55
   Diseñando contenido para YouTube 56
   Entendiendo el SEO de YouTube 58

CAPÍTULO 10: COMERCIALICE SU CANAL ADECUADAMENTE 60
   Compartiendo en plataformas de redes sociales 60
   Embedding en su sitio web 61
   Compartir en un boletín de noticias en su correo electrónico 61

SECCIÓN 4: FACEBOOK 63

CAPÍTULO 11: ESTADÍSTICAS DE FACEBOOK Y TENDENCIAS 64
   ¿Quién está en Facebook? 64
   ¿Quién necesita estar en Facebook? 65

CAPÍTULO 12: CREANDO UNA ESTRATEGIA PARA FACEBOOK 66
   Lugares en dónde publicar 66
   Creando páginas de negocios 67
   Creando contenido de calidad 68

CAPÍTULO 13: PUBLICIDAD EN FACEBOOK 69
   Apertura de su cuenta administradora de publicidad de anuncios 70
   Creando sus propios anuncios 70

Monitorear su rendimiento *71*

SECCIÓN 5: LINKEDIN **73**

CAPÍTULO 14: ESTADÍSTICAS DE LINKEDIN Y TENDENCIAS **74**
¿Quién usa LinkedIn? *74*
¿Quién NO debería usar LinkedIn? *75*

CAPÍTULO 15: CREANDO UNA ESTRATEGIA PARA LINKEDIN **76**
Creando su perfil *76*
Creando sus redes *78*
Interactuando con la plataforma *78*

CAPÍTULO 16: COMERCIALIZANDO SU MARCA **80**
Noticias de la compañía *80*
Compartir contenido relevante *81*
Publicaciones de patrocinio *82*
Seguimiento de análisis *82*

SECCIÓN 6: PINTEREST **84**

CAPÍTULO 17: ESTADÍSTICAS DE PINTEREST Y TENDENCIAS **85**
¿Quién le saca el mayor provecho a Pinterest? *86*
¿Quién debería evitar Pinterest? *86*

CAPÍTULO 18: CREANDO UNA ESTRATEGIA PARA PINTEREST **88**
Diseñando las imágenes de sus Pins *88*
Montando sus Pins *89*
Creando su Pinboard *90*

CAPÍTULO 19: SIENDO RE-PINTEADO **92**
Comparta sus Pins en otro lugar *92*
Haga uso de las insignias de Pinterest *94*
Haga que su perfil sea atractivo *95*
Mantenga su perfil activo *96*

SECCIÓN 7: TWITTER **98**

CAPÍTULO 20: ESTADÍSTICAS DE TWITTER Y TENDENCIAS **99**
¿Quién está usando Twitter? *100*
¿Quién NO debería estar en Twitter? *101*

CAPÍTULO 21: CREANDO UNA ESTRATEGIA EN TWITTER **102**
Creando su perfil *102*
El ingrediente clave de Twitter *103*
Compartiendo Tweets *104*
Participando en las conversaciones *106*

CAPÍTULO 22: MERCADEO EN TWITTER **108**
Aprovechar la plataforma para búsqueda de mercado *108*
Creando una personalidad de marca *109*
Sepa qué contenido genera interacciones *110*
Tweet en un horario. Sea consistente *112*
CONCLUSIÓN **113**

Introducción

El mercado en las redes sociales es seguramente una de las formas más efectivas de mercadeo en el 2019, y solo continuará creciendo en popularidad a medida que nos sumerjamos más y más en la era digital. Ser parte de la era digital ha abierto un mundo de posibilidades, no solo para nosotros a nivel global, sino también para las marcas que buscan emerger haciendo negocios en línea. De hecho, internet a permitido que empresarios y compañías crezcan más que nunca antes al proporcionar una plataforma barata y completa para que la gente comience a obtener ganancias a través de sus propios medios.

En el 2019, la cara del mercadeo en los medios sociales seguirá cambiando a medida que nos movemos hacia tendencias que incluyen la personalización y la conexión y nos alejamos de las tendencias que comercializan a las marcas y las hacen parecer frías y aisladas de sus audiencias. En otras palabras, ya no estamos en una era en la que simplemente se pueden emplear mensajes como "Camisas nuevas a $4.99" junto con una foto de sus nuevas camisas y recibir algo positivo de eso. Si bien es cierto que de vez en cuando se pueden utilizar publicaciones como esta, si no se está esforzando por entablar relaciones genuinas con el público, va a tropezar y no va a crecer en un mundo digital donde todo el mundo está buscando establecer conexiones. En vez de dirigirse hacia usted, su audiencia se dirigirá a sus competidores, quienes están felizmente dominando su nicho al proporcionarles grandes servicios y productos, así como una marca positiva para que construyan una relación con ellos y crezcan en amor y confianza.

A medida que lea a través de Social Media Marketing, prepárese para conocer las tendencias que probablemente surgirán en 2019, las plataformas en las que tendrá que invertir su tiempo, y las estrategias que tendrá que aplicar en estas plataformas para dominar el marketing en los medios sociales este año que viene. Mientras que algunas de las estrategias que está por aprender serán la continuación de las tendencias que se fundaron en 2017 y 2018, otras van a ser totalmente nuevas sobre la base de este año que viene y las oportunidades percibidas que se harán para los propietarios de negocios en línea.

Finalmente, antes de leer este libro, tenga en cuenta que, para tener éxito en línea en 2019, no es necesario utilizar todas las plataformas de medios sociales disponibles. De hecho, como aprenderá en la sección 1 de este mismo libro, una estrategia más efectiva es elegir solo dos o tres plataformas que se alineen con sus objetivos de mercadeo en redes sociales y los domine primero. Si decide expandirse a partir de ahí, seguramente podrá hacerlo, pero en el mundo del mercadeo de las redes sociales, más no es siempre necesario. Ahora, si está listo para empezar a aprender cómo dominar las redes sociales en 2019 sin más preámbulos, ¡Comencemos!

Sección 1: Estrategia en las redes sociales

Capítulo 1: Estableciendo sus objetivos

Dominar las redes sociales en el 2019 va a necesitar que usted se concentre de forma clara en las plataformas, establezca sus objetivos, y una estrategia que lo ayude a alcanzarlos. Crear un enfoque multiplataforma requiere que usted sepa cómo aprovechar cada plataforma, cómo puede construir una cantidad masiva de seguidores, y después cómo convertir esa plataforma en un medio para las ventas de su empresa. Antes de que empiece creando su estrategia y determinando cómo crecer en cada plataforma, usted necesita establecer sus metas y cómo va a ser la mayor forma de alcanzar esas metas usando las redes sociales. Cada plataforma le va a proveer con beneficios ligeramente diferentes entre sí. Así que, identificando sus metas primero, puede asegurarse de que usted va a utilizar la plataforma correcta y va a aplicar las estrategias correctas para maximizar su tiempo invertido en las redes sociales.

Estableciendo sus metas de negocios

Lo primero que quiere hacer es crear sus objetivos de negocios para este 2019. Típicamente, todas sus otras metas estratégicas deben reflejar directamente sus metas generales de negocio. Al saber exactamente qué es lo que usted está tratando de lograr en su negocio en 2019, usted puede empezar a crear metas para sus plataformas de redes sociales también. Usted puede establecer una o más metas para su negocio en 2019, aunque debe ser intencional en cuanto a establecer solo una o dos metas como su enfoque principal para el año. De esta manera, usted tiene claro en qué es exactamente en lo que está trabajando y puede diseñar cada objetivo secundario y estrategia en torno a ese objetivo principal en su negocio.

La mejor manera de crear su meta de negocio es ver qué es lo que más quiere usted para su negocio el próximo año y crear sus metas alrededor de ese concepto. Si usted es nuevo en el negocio, podría fijarse la meta de hacer que su primer año sea rentable para la empresa. Identifique el número exacto que sería ideal para usted. O bien, puede establecer el objetivo de aumentar la popularidad de su marca y comenzar a conectarse con una audiencia más amplia, de modo que tenga un sistema de personas de confianza para invertir en su negocio a medida que siga creciendo su marca y su popularidad en los años venideros. Si usted ha estado en el negocio por más tiempo, su meta puede ser reenfocar su marca en algo ligeramente diferente y llevar a su audiencia a ese ajuste con usted. Usted podría tratar de aumentar sus ganancias este año para poder contratar a más empleados u ofrecer más a su público.

Cualesquiera que sean sus metas, asegúrese de usar el estilo de planificación de metas S.M.A.R.T. para asegurarse de que está fijando metas que realmente puede alcanzar en el 2019. Por lo tanto, sus objetivos deben ser específicos, mensurables, alcanzables, realistas y oportunos. Por ejemplo, en lugar de decir "quiero ganar seis cifras en 2019" podría decir "quiero ganar 125.000 dólares en ingresos para el 31 de diciembre del 2019 a través de mi negocio". Cuando usted establece metas específicas, es más fácil para usted saber si se está moviendo o no de manera efectiva hacia sus metas. De esta forma puede determinar si sus estrategias están trabajando o si estas necesitan ser ajustadas para ayudarlo en su avance más eficientemente.

Estableciendo sus metas para las redes sociales

Una vez que haya creado sus objetivos generales de negocio, puede empezar a determinar cuáles serán sus objetivos para las redes sociales. Es importante darse cuenta de que los medios de comunicación social funcionan de manera diferente para los diferentes modelos de negocio. Acercarse a sus objetivos de medios sociales requiere que considere qué es lo que exactamente los medios sociales pueden hacer por usted y cómo puede mantener su imagen mientras incorpora las redes sociales en su estrategia. Por ejemplo, si usted es abogado, es posible que no desee utilizar los medios de comunicación social tan abiertamente como otra empresa porque no puede compartir libremente cierta información. En ciertas industrias, usted necesitará ser más conservador en su enfoque, lo que significa que sus metas deben reflejar estos valores conservadores de las redes sociales. Por lo tanto, si usted fuera un abogado de Instagram, en lugar de ser abierto y compartir fragmentos de su vida en línea, probablemente se abstendría de utilizar historias o IGTV en su totalidad y, en su lugar, simplemente crearía mensajes en su inicio. Estos mensajes deben ser dirigidos específicamente hacia su audiencia deseada, proporcionándoles la información que necesitan saber, y luego diríjalos a su sitio web o a su número de teléfono para que pueda hablar en privado con ellos. En este escenario, sus objetivos en los medios sociales serían hacer que la gente se ponga en contacto con usted, en lugar de construir un gran número de seguidores y convertirse en un influyente muy querido en su área.

Usted puede determinar qué estilo de objetivos de medios de comunicación social necesita muy fácilmente. Si usted dirige un negocio más profesional en el que necesita mantener una gran parte de la información privada, entonces necesita utilizar las redes sociales para que la gente se ponga en contacto con usted. Si tiene una tienda de ladrillos y mortero, entonces necesita usar las redes sociales para llevar a la gente a su tienda para que puedan comprar en ella. Si usted dirige un negocio en línea, entonces usted necesita construir su seguimiento para poder comercializar a una audiencia más grande.

Dicho esto, es necesario ser más específico a la hora de establecer los objetivos de los medios de comunicación social. ¿Qué es exactamente lo que está tratando de lograr a través de los medios sociales? Por ejemplo, si usted es el dueño de una cafetería ¿Quiere llevar a más turistas a su cafetería para que puedan echar fotos con sus cámaras y aumentar la popularidad de su tienda? ¿O desea aumentar la cantidad de personas locales que entran por sus puertas para comprar café y convertirse en visitantes leales? Si usted es una persona influyente, tal vez quiera aumentar su número de seguidores para poder generar lanzamientos para marcas populares y empezar a ganar más ingresos a través de su plataforma.

Decida lo que decida, asegúrese de que está utilizando los medios sociales como una herramienta en sus objetivos generales y no depender de ella como la estrategia exclusiva en sí. Incluso si los medios sociales son su principal método para llegar a la audiencia, usted debe reconocer que su negocio en sí no es exclusivo de los medios sociales. Usted todavía tendrá que esperar que muchas otras cosas pasen para poder alcanzar sus metas. Cuando ve los medios sociales como una herramienta y los organiza en su estrategia general como una herramienta, usted se pone en la posición en la que puede empezar a usar los medios sociales como una de sus fuerzas más poderosas en línea.

Determinar qué plataformas funcionarán mejor para usted

Después de determinar cuáles son sus metas para los medios de comunicación social, hay una última cosa que usted debe considerar antes de empezar con el proceso de diseñado de su estrategia para las redes sociales. Usted debe determinar qué plataformas van a ser las más efectivas para usted cuando se trata de alcanzar las metas que se ha propuesto. En cada una de las siguientes secciones, usted aprenderá acerca de las seis plataformas de medios sociales más grandes que existen actualmente, cómo pueden ser utilizadas y quiénes se beneficiarán más de ellas. Asegúrese de leer toda esta información y de elegir las plataformas que realmente lo ayuden a alcanzar sus objetivos, de modo que pueda concentrar sus esfuerzos en áreas que tengan sentido para sus objetivos generales y su negocio.

Capítulo 2: Escogiendo su enfoque

Una vez que haya determinado cuáles son sus objetivos en los medios sociales, tendrá que decidir cuál va a ser su enfoque general de las redes sociales. En este capítulo, nos vamos a centrar en cómo se va a estructurar su estrategia general de medios sociales. Después de eso, puede adentrarse en las estrategias específicas de la plataforma. Elegir su enfoque incluye comprender cómo funciona cada plataforma de redes sociales, cómo se utilizar mejor y cómo puede encajar en sus objetivos generales para tratar de construir su negocio a través de las redes sociales. En este capítulo aprenderá cómo puede crear una meta general para su enfoque de medios sociales.

Aprendiendo los beneficios de cada plataforma

Lo primero que necesita entender es cómo cada plataforma está destinada a ser utilizada cuando se trata del mercadeo en las redes sociales. Aprenderá más sobre las estadísticas y usos de cada plataforma en las respectivas secciones de este libro. Antes de eso, tener una comprensión general de lo que cada una ofrece le ayudará a determinar cuál será la más útil para su negocio.

Por ejemplo, Instagram es una gran plataforma de intercambio social para el marketing visual y la narración de historias visuales, ya que incluye varias características que son excelentes para mostrar a la gente su marca. Puede utilizar el perfil basado en imágenes, historias, vídeos en directo e IGTV para mostrar su marca a la gente, tanto profesionalmente como de forma más íntima, de modo que la gente pueda tener una idea de quién es usted y sentir que está siendo llevada entre bastidores en su marca.

Facebook es otra plataforma visual de narración de historias, aunque también incluye perfiles personales, páginas de negocios, funciones para compartir mensajes y actualizaciones de estado que pueden utilizarse para ampliar su marca a través de la narración de historias por escrito. Mucha gente usará Instagram y Facebook conjuntamente, ya que estos dos son propiedad de la misma empresa matriz y pueden ser integrados de muchas maneras que las hacen a cada una de ellas mucho más valiosas.

YouTube es genial si está interesado en compartir vídeos. Se puede integrar fácilmente con la mayoría de las otras plataformas compartiendo e incrustando vídeos. Si tiene mucho que enseñar, mostrar o compartir, usar YouTube para diseñar sus vídeos y compartirlos puede ser una gran oportunidad para producir vídeos de calidad profesional para integrarlos en casi cualquier lugar de internet.

Twitter se basa principalmente en actualizaciones de estado. Aunque, recientemente, han hecho que la imagen y el vídeo sean más intuitivos e incluso han añadido un vídeo en vivo a las plataformas. Dicho esto, el mayor beneficio de estar en Twitter es poder entablar conversaciones con la gente de la plataforma y mostrar su marca a la gente a través de la conversación.

El interés se considera esencial para cualquiera que dirija un blog, ya que permite una gran cantidad de divulgación. La comunidad de

Pinterest tiende a ser muy aficionada al bricolaje y a la inspiración basada en imágenes, por lo que compartir en esta plataforma te da una gran oportunidad de ser visto por personas que buscan inspiración o información. A diferencia de otras plataformas, Pinterest es más bien un motor de búsqueda basado en imágenes. Sin embargo, todavía funciona como una plataforma de medios sociales debido a la capacidad de enviar mensajes a otros y compartir los pines con la gente sin problemas a través de la plataforma.

LinkedIn es otra gran plataforma, especialmente si usted es un profesional que ofrece servicios sobre productos. El sistema ofrece muchas maneras de conectarse con personas que ofrecen servicios similares a los suyos, así como con personas que buscan los servicios que usted ofrece. Si usted construye su perfil correctamente, puede establecerse bien en el negocio en línea y ser recomendado a muchos clientes diferentes que pueden estar buscando exactamente lo que usted ofrece.

Decidiendo qué dos o tres cumplen sus necesidades

Con el fin de decidir su enfoque general de los medios de comunicación social, es necesario decidir sobre dos o tres plataformas que se adapten a sus necesidades de marketing en las redes sociales. Aunque sin duda puede comercializar a través de muchas plataformas, la mayoría de la gente encuentra que intentar comercializar a través de demasiadas plataformas es abrumador y puede dejarle luchando por generar un compromiso real en cualquiera de las plataformas. Por supuesto, si usted tiene un agente de marketing de medios sociales, siempre puede dejar esto en sus manos. La realidad es que todavía será más fácil concentrar sus esfuerzos y recursos en solo dos o tres plataformas, en lugar de varias.

La mejor manera de determinar qué plataformas necesitará utilizar depende de lo que esté tratando de lograr con sus objetivos en las redes sociales. Si usted sabe que quiere que la gente vea más sus productos, el uso de plataformas visuales de narración de historias como Instagram, Facebook y Pinterest le ayudará a exponer visualmente sus productos delante de la gente. La mayoría de las personas prefieren ver lo que buscan comprar, en lugar de simplemente leer sobre ello, razón por la cual esta estrategia funciona mejor.

Si desea hablar y promocionar sus servicios profesionales en línea, debe considerar la posibilidad de utilizar plataformas que se basen más en una palabra escrita. Dependiendo de cuáles sean sus servicios, también puede beneficiarse de tener una plataforma más visual. Por ejemplo, si usted es una agencia de marketing, la creación de un seguimiento en Instagram es una buena manera de demostrar que usted sabe cómo utilizar esta popular plataforma de marketing, y también le ayudará a conectarse mejor con su público objetivo. Aparte de eso, centrarse más en plataformas como Facebook, Twitter y LinkedIn será más efectivo para la mayoría de los servicios profesionales.

Si está compartiendo servicios personales, es posible que desee "pasar el tiempo" donde la gente pasa el tiempo en línea, lo que normalmente incluye Facebook, Instagram y YouTube. Aquí puede compartir imágenes, actualizaciones de estado y vídeos sobre los servicios que ofrece, y conectarse más estrechamente con las personas que tendrán más probabilidades de invertir en sus servicios. Lo mismo ocurre si usted ofrece servicios o productos en persona.

En última instancia, tendrá que decidir qué plataformas se van a combinar mejor con los objetivos que está tratando de alcanzar y luego subirse a esas plataformas. De nuevo, absténgase de extenderse demasiado. Cada una de sus plataformas tendrá su propia curva de aprendizaje a medida que descubra cómo utilizar estrategias que realmente funcionen en ella. Además, es más fácil lograr el compromiso y la tracción en dos o tres plataformas que intentar hacerlo en varias. Si concentra sus esfuerzos, se dará cuenta de que conectarse y tener un gran impacto relativamente rápido es muy sencillo, lo que le permitirá ir a lo grande y progresar económicamente a través de las redes sociales en el 2019.

Capítulo 3: Riesgos a evitar

Al entrar en las redes sociales, es importante que entienda que su éxito no está garantizado solo porque usted creó una cuenta y compartió unos cuantos mensajes. Cuando se trata de medios sociales, muchas empresas están tratando de llegar a la misma audiencia que usted, por lo que es necesario asegurarse de que usted destaque entre la multitud. El mercado está lejos de ser "explotado", pero si entra en una plataforma sin saber cómo usarla eficazmente, rápidamente se va a pasar por alto, ya que su audiencia favorece a las marcas que entran con una estrategia.

En este capítulo, usted va a aprender qué riesgos evitar cuando utilice las redes sociales en general para asegurarse de que no está perdiendo el tiempo utilizando las estrategias de crecimiento en línea equivocadas. Aprenderá qué errores debe evitar en cada plataforma específica más adelante, pero, por ahora, es importante que entienda los riesgos generales que debe evitar para que pueda tener un impacto masivo en línea desde el primer día.

Extenderse demasiado

Cada plataforma de redes sociales viene con una curva de aprendizaje que tendrá que tratar de descubrir para poder dominar la plataforma y comenzar a obtener un alto rendimiento de su esfuerzo de mercadeo en redes sociales. Independientemente de si ya ha estado en la plataforma o no, si aún no está acostumbrado a utilizarla para el marketing, tendrá que aprender a ajustar su enfoque y asegurarse de que esté optimizado para el marketing, de modo que pueda aumentar las ganancias. Cuando usted está buscando utilizar los medios de comunicación social para el marketing, es importante que no se sobrecargue, ya que esto puede llevar a no tener la atención necesaria para soportar cada curva de aprendizaje y realmente poner esa plataforma en uso.

Para asegurarse de que no se está esforzando demasiado, empiece por ser honesto sobre cuánto tiempo tiene cada día para dominar sus medios de comunicación social. Si solo tiene una pequeña cantidad de tiempo al día o unas pocas horas a la semana, lo ideal sería empezar en una plataforma que le pueda generar algún ingreso. Luego crecer a partir de ahí para que tenga tiempo suficiente para comprender a fondo cada plataforma. Una vez haya entendido esa primera plataforma, entonces puede seguir adelante y empezar a expandirse a otras plataformas para que pueda dominarlas también.

A pesar de que es posible que desee crecer rápidamente en línea, es importante entender dónde se encuentra el equilibrio cuando se trata de su crecimiento. Es decir, es mucho más productivo ir a lo grande en una plataforma a la vez, que extenderse tan poco que ninguna de sus plataformas gane tracción y pierda la marca en cada sitio de redes sociales que intente.

Encontrará que usted dominará cada plataforma y crecerá mucho más rápido de esta manera, haciendo más fácil para usted empezar a generar un gran éxito en línea relativamente rápido.

Invertir tiempo en la plataforma incorrecta

Otro gran error que usted puede cometer en línea es pasar tiempo en las plataformas equivocadas o apuntar a las partes equivocadas de las plataformas. Si usted no está dirigiendo su tiempo y atención adecuadamente, puede pronto verse involucrado en tomar acciones que no son productivas para su objetivo general, lo que lo deja en riesgo de perder mucho tiempo y no obtener muchos resultados.

Recuerde lo que aprendió anteriormente en el capítulo 2 y elija su enfoque basado en sus metas, no en lo que usted personalmente desea.

El hecho de que usted prefiera personalmente una plataforma antes que otra, o que sienta personalmente que una es más adecuada para su negocio que otra, no significa que esta sea la mejor opción. Necesita ir donde está su público y posicionarse directamente frente a ellos, o finalmente se caerá de bruces en la red.

Si todavía no está completamente seguro de qué plataforma es la mejor para usted en línea, navegue por el primer capítulo y por cada una de las siguientes secciones y empiece a buscar cuál será su mejor lugar en línea. De esta manera, usted puede asegurarse de que se está enfocando completamente en las áreas que lo ayudarán, en lugar de las que no lo harán.

No abrazar la curva de aprendizaje

Cuando la gente entra en las redes sociales, uno de los mayores errores que puede cometer una persona para sí misma y su negocio es no abrazar la curva de aprendizaje que viene con estar en los medios sociales con fines de marketing. Si se mete en los medios sociales y no consigue abrazar la curva de aprendizaje o trata de hacer todo a su manera, va a darse cuenta rápido de que esto es ineficaz y de que va a tener dificultades para tener éxito en línea. Si bien es cierto que necesita adoptar la autenticidad y la libertad de expresión en línea, no entender los conceptos básicos de cómo ser visto y oído en línea sólo resultará en una lucha para hacer crecer su negocio.

La curva de aprendizaje puede durar unos días, unas semanas o incluso meses, dependiendo de cuánto tiempo tenga para invertir en las redes sociales y de lo que esté haciendo para aprender sobre la curva de aprendizaje en sí. Si quiere acelerar este tiempo, leer libros como este y prestar atención a los cambios regulares de algoritmos, nuevas versiones y actualizaciones de la plataforma es una gran oportunidad para asegurarse de que está aprendiendo todo lo que hay que saber lo más rápido posible.

Mezclar lo personal con lo profesional

Por último, incluso si usted está dirigiendo una marca personal, debe ser cauteloso acerca de cuánto mezcla su vida personal con su vida profesional. Intentar mezclar demasiado su vida personal y personal puede resultar en que comparta demasiado en línea y en que enturbie la cara de su negocio. Usted necesita ser cauteloso cuando se trata de hacer crecer una marca, especialmente una marca personal. Debe asegurarse de que no está compartiendo información que pueda resultar en la pérdida de la reputación o la claridad de su negocio. En otras palabras, incluso si usted tiene una marca personal, mantenga su vida profesional y personal separadas para evitar que la información personal se filtre a su negocio y destruya su profesionalismo.

Incluso si tiene buenas intenciones, habrá muchas partes de su vida personal que simplemente no están en la marca y, si las comparte, podría sonar algo confuso o poco profesional. Al final del día, incluso si está compartiendo una marca personal, hay ciertas partes de su vida sobre las que la gente simplemente no quiere leer o prestar atención. Las personas que le siguen estarán más interesadas en las cosas que se relacionan con ellos, o en los problemas a los que puedan estar enfrentándose, por encima de cualquier otra cosa. Esto no es porque la gente no se preocupe por usted, sino porque está posicionándose a usted mismo y a su marca personal como un negocio. Necesita estar preparado para comportarse como un negocio.

Si desea tener una plataforma personal en línea, asegúrese de mantener sus cuentas personales privadas y separadas de las cuentas de la empresa. Usted siempre puede compartir su vida de negocios con sus amigos personales, pero absténgase de compartir su vida personal con sus conexiones de negocios a menos que de alguna manera tenga sentido para su negocio. Por ejemplo, si está iniciando un blog de moda, puede compartir temas de moda con su red profesional, pero absténgase de compartir sobre su vida amorosa o sus relaciones, a menos que se pueda vincular a su equipo. Si usted fuera a usar un lindo traje en una cita, por ejemplo, podría compartir esto, pero no comparta sobre sus dificultades o problemas que su relación puede estar enfrentando en línea, ya que esto solo le hará ser considerado como poco profesional. Si quiere ser visto como un negocio profesional y tener la oportunidad de hacer negocios como un profesional, necesita comportarse como un profesional en línea en todo momento.

Capítulo 4: Los riesgos peligrosos que los "expertos" le cuentan

Con el surgimiento del imperio de los medios sociales, desafortunadamente, hay muchos "expertos" por ahí que están compartiendo mitos dañinos sobre la comercialización de los medios sociales y cómo la gente puede utilizar las plataformas de medios sociales para construir una fuerte presencia para su marca. Estos "expertos" tienden a ser bastante persuasivos, lo que puede llevar a que muchos individuos los sigan y les proporcionen información errónea que les impida aumentar la presencia en línea que desean.

Antes de empezar a crear sus estrategias oficiales y poner su marca en línea, es importante que entienda cuáles son estos mitos y cómo pueden afectar negativamente a su negocio si no tiene cuidado. Es muy probable que usted ya haya oído estos mitos, por lo que es muy importante que usted aprenda la verdad primero, para evitar que entre en el proceso de construir su marca en línea mientras que cree que esta información es verdadera.

> Mito #1: Los análisis de las redes sociales no son importantes

El primer gran mito que muchos expertos autoproclamados le dirán es que su análisis no es importante. Este mito se manifiesta de dos maneras. Una afirma que mientras consiga "algo" de interacción en cada publicación, lo está haciendo bien; la otra afirma que incluso si no consigue ninguna interacción, la gente sigue viendo sus publicaciones. Estos mitos obviamente provienen de personas que no entienden el mercadeo de las redes sociales o el propósito del mercadeo de medios sociales.

Los análisis en los medios sociales le dicen exactamente lo que le gusta a la gente, de las cosas que quieren más y cómo se puede compartir con ellos de una manera que realmente crea tracción y éxito en su marca. Cuando mira sus análisis, usted puede ver exactamente qué mensajes están disfrutando más las personas, y puede emular estos mensajes para empezar a tener aún más éxito en su plataforma en línea. Usted quiere hacer esto porque, al hacerlo, puede asegurarse de que las personas adecuadas lo ven realmente. Si sus mensajes no están recibiendo suficiente tracción o si sus interacciones no están creciendo regularmente, es porque se está saltando un paso o está haciendo algo mal.

Mientras usted esté prestando atención a lo que le gusta a su audiencia y prestando atención a los análisis, no hay razón por la que su plataforma en línea no deba crecer de manera consistente.

En cuanto a si "sin interacciones" significa o no que sus mensajes estén siendo "vistos", así no es cómo funcionan los medios sociales. Los mensajes que no tienen interacciones están ocultados de las líneas de tiempo, ya que las plataformas de medios sociales asumirán que estos mensajes son irrelevantes y que simplemente está desbordando las noticias de los individuos. A la gente le gusta ver los mensajes que son relevantes o interesantes y, como los medios de comunicación social atienden a sus usuarios, se dará prioridad a estos mensajes sobre cualquier otro mensaje. Esto significa que si tiene mensajes que regularmente son ignorados, es probable que sea porque nadie los está viendo, no porque "lo estén viendo, pero tengan miedo de reaccionar por miedo a ser vendidos", como muchos expertos percibidos intentarán decirle.

Mito#2: Las redes sociales son solo para conseguir nuevos clientes

Si alguna vez ha escuchado que los medios sociales están específicamente destinados a captar nuevos clientes, entonces ha escuchado otro mito común en el mundo del marketing de los medios sociales. La verdad es que los medios sociales no son exclusivamente para crear nuevos clientes, sino también para retenerlos. De hecho, un estudio reciente mostró que el 84% de la mayoría de las marcas en Facebook están siendo seguidas por personas que fueron clientes primero y que luego las encontraron en los medios sociales, no por nuevos clientes que nunca han comprado la marca en absoluto.

Esta estadística probablemente varía a través de todas las diferentes plataformas, pero el hecho es que los medios sociales son una herramienta poderosa para mantenerse en contacto con su audiencia existente y mantener su lealtad. Cuando usted anima a sus clientes actuales a que le sigan, crea la oportunidad de mantener y hacer crecer su relación con ellos, lo que le ayuda a traerlos de vuelta y convertirlos en fans leales de su marca.

De hecho, cuando usted está en las redes sociales, usted debe estar apuntando a su audiencia existente tanto como a su nueva audiencia, ya que su audiencia existente será la que ya estará preparada para compartir las experiencias de su compañía con los demás. Si usted les atiende y se conecta con ellos en línea, les resultará más fácil compartir sus comentarios sobre su marca con sus amigos y familiares, y con suerte, atraer más atención a su marca y tráfico a su negocio. Por esa razón, usted debe apuntar a su audiencia existente con frecuencia y crear una plataforma que sea tan agradable para que ellos la sigan como también lo sea para que los nuevos seguidores la encuentren a usted.

Mito#3: Ignore las opiniones y comentarios negativos

Recibir comentarios negativos u opiniones negativas sobre su marca puede ser perjudicial, especialmente si usted está estrechamente relacionado con su empresa o si es su propia marca. Escuchar lo que otras personas están diciendo, especialmente cuando lo que están diciendo no es agradable, puede sentirse como un insulto profundo y doloroso y puede hacer que manejar su propio negocio sea un reto.

Inicialmente, usted puede incluso tener ganas de dejar el mundo de los medios sociales para evitar tener una plataforma y que surja una retroalimentación negativa como esta, aunque eso no sería efectivo para ayudarle a llegar a la gente que usted desea.

Si mira a su alrededor en la red, una declaración común hecha por expertos en medios sociales autoproclamados es que simplemente debería ignorar los comentarios y retroalimentaciones negativas porque comprometerse con los "troll" no es útil para su negocio.

Sin embargo, esta es en realidad una manera extremadamente negativa de manejar los comentarios negativos y puede llevar a que su negocio y su marca sean vistos como ignorantes o incluso sospechosos. Además, cuando ignora el comentario negativo, asume que todo aquel que tiene algo de malo que decir es un "troll" o alguien que está tratando de golpear a su compañía cuando, en realidad, puede ser alguien a quien antes le gustaba su compañía pero que encontró una mala experiencia. En otras palabras, puede usar esto como una oportunidad para cambiar la opinión de alguien sobre su marca y construir un seguidor leal si juega bien sus cartas. Incluso si usted no puede, y la persona realmente es alguien que no tiene nada agradable que decir, el no manejar la situación de manera efectiva puede hacer que otros clientes potencialmente interesados se interesen menos en su marca.

La mejor manera de manejar los comentarios negativos es responder amablemente agradeciendo al individuo por dejar su retroalimentación, disculpándose por su experiencia negativa y ofreciendo una solución para rectificarla. O, si el comentario fue dejado por alguien que no es su cliente, podría considerar responder amablemente para hacerles saber que usted lo ve y lo escucha, que aprecia sus preocupaciones y que rectificará la situación según sea lo apropiado.

Aquí hay tres ejemplos de diferentes tipos de comentarios que usted puede experimentar en línea y las maneras en que usted puede amable y apropiadamente manejarlos. Tenga en cuenta que cada estrategia lo pone en el registro como una compañía que escucha, se preocupa y sirve en lugar de simplemente ignorar a las personas y sus problemas.

Comentario#1:

Seguidor: "En el pasado usaba productos (de la compañía) hasta que compré uno de sus nuevos [productos] ¡Y la calidad era realmente mala! Se rompió en la primera semana. La calidad de esta [compañía] se ha ido realmente cuesta abajo desde el principio.

Lástima, también. ¡Solían ser tan buenos!"

Usted: ¡Hola [seguidor]! ¡Sentimos mucho leer su experiencia negativa, eso definitivamente no es lo que queremos! Puedo asegurarle que la calidad sigue siendo una prioridad cuando se trata de los productos que creamos. ¿Puede ponerse en contacto con nosotros en [información de atención al cliente] para que podamos rectificar su experiencia?"

Comentario#2:

Seguidor: "Escuché que esta compañía es horrible, mi amigo probó sus productos y se sintió estafado. ¡Nunca desperdiciaré mi dinero aquí!"

Usted: "¡Hola [seguidor]! Sentimos mucho escuchar que su amigo tuvo una experiencia negativa. Nos enorgullecemos de ofrecer productos de alta calidad a nuestros clientes. ¿Sabe si su amigo se puso en contacto con nuestro equipo de atención al cliente para recibir apoyo para rectificar la situación? Nos encantaría pasar esto a nuestro departamento de control de calidad para asegurarnos de que esto no vuelva a suceder."

Comentario#3:

Seguidor: "¡Buen intento! He visto productos como este antes, son un completo desperdicio. ¡No gastes tu dinero en algo así!"

Usted: ¡Hola [seguidor]! Lamentamos escuchar que usted no va a probar nuestros productos porque piensa que estos productos son un desperdicio. No todas las empresas crean [este producto] de la misma manera, por lo que le sorprenderá saber que el nuestro destaca por sus [puntos destacables]. Esperamos que lo pruebe."

Cuando lidia correctamente con los comentarios, demuestra a los clientes existentes que le importan y que quiere que tengan una experiencia positiva, y les demuestra a los nuevos clientes que no está simplemente tratando de ganar dinero a través de estrategias de ventas no éticas o ilegítimas. Dado que hay tantas empresas en Internet, es imperativo que se distinga de las demás para que su público sepa que usted es una empresa genuina que está lineada con la integridad y los productos de alta calidad.

De esta manera, es más probable que la gente le compre a usted porque confían en que si tienen una experiencia negativa por cualquier razón, usted los apoyará para rectificar esa experiencia.

Mito#4:"Blank" está muerto

Cada año, las entradas de los blogs y otros artículos informan de que una determinada plataforma está "muerta" o se está desvaneciendo del mapa. Esta estrategia de marketing se ha utilizado durante años para tratar de captar la atención, alejar a la gente de ciertas plataformas y ganar seguidores en otras. La verdad es que ninguna plataforma en línea ha muerto realmente a menos que nadie la esté utilizando.

En cambio, estos informes son compartidos a menudo por personas que están usando las plataformas equivocadas y, por lo tanto, no pueden conectarse con la audiencia deseada. Como resultado, creen que dicha plataforma está muerta cuando, en realidad, simplemente no están utilizando las plataformas correctas de la manera adecuada para obtener acceso a la audiencia.

Si lee publicaciones como estas, tómese un momento para leer las estadísticas activas de la plataforma que se dice que ha "muerto" porque, en la mayoría de los casos, estas estadísticas demostrarán que la plataforma no se fue a ninguna parte. Estos son solo otros ejemplos de falsos expertos en marketing que intentan crear tracción en su negocio mediante la creación de contenido clickbait que no tiene ningún valor o hecho. Evite a los vendedores o expertos que utilizan afirmaciones como estas, ya que probablemente le llevarán a desviarse de la verdad. Además, es posible que no puedan darle la orientación adecuada que necesita para generar éxito en el espacio en línea.

Mito#5: Si no se está vendiendo, no se está comercializando

En un tiempo, la mayoría de las personas que utilizaban las redes sociales estaban haciendo marketing compartiendo mensajes con aspecto publicitario repetidamente con el intento de compartir productos y servicios con sus audiencias. Dado que los medios de comunicación sociales eran tan jóvenes y nuevos en ese momento, estas estrategias funcionaron y muchas personas ganaron mucho dinero utilizando estas estrategias. Sin embargo, esta estrategia ya no funciona. En última instancia, demasiada gente comenzó a usarlo y la mayoría de los seguidores se sintieron como si estuvieran leyendo revistas llenas de anuncios en lugar de noticias en las redes sociales que tenían la intención de conectar a sus seres queridos y amigos a través de Internet.

Actualmente, la mejor manera de construir su negocio en línea es centrarse en el aspecto social de los medios de comunicación social en primer lugar, y, a continuación, vincular en sus ventas después. Hay una regla que sugiere que usted comparta su contenido de marketing usando una regla 80/20, donde comparte el 80% del contenido personal y el 20% de los mensajes de ventas para que la gente pueda conocerle más a menudo de lo que usted les vende. Esta estrategia se conoce como "marketing de atracción" y resulta ser una de las más poderosas en el mercado online actual.

La razón por la que esta estrategia funciona, especialmente si usted está dirigiendo un negocio exclusivamente en línea, es porque está poniendo sus relaciones con los demás por encima de sus números de ventas. Cuando la gente ve esto empieza a sentirse conectada con usted y se preocupa personalmente por usted y por el mensaje que está compartiendo con su audiencia. Sienten una sensación de confianza y comprensión que les lleva a sentir pasión por lo que usted hace y por lo que es, lo que les ayuda a convertirse en personas que están abiertamente dispuestas y ansiosas de comprarle cuando comercializa sus productos a su audiencia.

Por lo tanto, el hecho de que cada mensaje no termine con un argumento de venta no significa que no sea marketing. Simplemente significa que algunos de sus mensajes son la comercialización de su marca y la creación de conciencia de marca y, otros en realidad están pidiendo ventas e invitando a la gente a comprar sus productos o servicios. En estos tiempos, esta estrategia es mucho más efectiva y productiva que cualquier otra estrategia. Por lo tanto, no crea a nadie que intente decirle que de alguna manera debe convertir cada mensaje en un argumento de venta. Esto simplemente no es cierto.

Sección 2: Instagram

Capítulo 5: Estadísticas de Instagram y tendencias

Instagram es la segunda plataforma de redes sociales más popular del mercado, después de Facebook. Esto no es sorprendente, teniendo en cuenta que Facebook es el propietario de Instagram, lo que significa que ambas plataformas parecen expandirse a partir del crecimiento del otro, lo cual resulta en dos plataformas de compartición de medios sociales muy poderosas. Si usted está buscando ponerse al frente de su audiencia usando narraciones visuales y estrategias de construcción de relaciones estrechas, ¡Instagram es la plataforma que usted necesita usar!

Estadísticas de Instagram

La audiencia principal de Instagram está comprendida entre las edades de 18 a 34 años, lo que la convierte en la principal plataforma para cualquiera que se dirija a los Millennials o a la generación Z. Incluso si esta no es su audiencia objetivo principal, es muy probable que alguien que sea más joven o mayor que esta audiencia esté conectada con alguien que pueda ponerlo en frente de su audiencia objetivo. Por esa razón, la mayoría de las marcas tendrán algún tipo de presencia en Instagram para ayudarles a conectarse con los clientes potenciales y construir su conocimiento de marca.

En Instagram, más de 1.000 millones de usuarios se conectan mensualmente y utilizan la plataforma para interactuar activamente con sus seguidores, seguir las nuevas cuentas y participar en el contenido de otras personas. Estos individuos siempre están buscando conectarse con gente nueva y aprender sobre nuevas marcas, lo que hace de Instagram una de las mejores plataformas en las que mantenerse, ya que todo el mundo está buscando la siguiente nueva tendencia.

De hecho, esta es una tendencia tan común en Instagram que, en 2019, se espera que el número de micro-marcas o pequeñas empresas y marcas personales exploten en Instagram. Esto no solo se debe a que cada vez más marcas recurren a Instagram para exhibirse, sino también a que los usuarios de Instagram siempre están buscando marcas más personalizadas a las que seguir.

En Instagram, las marcas que tienen seguidores más pequeños de unos pocos miles a unos pocos cientos de miles de seguidores se sienten más exclusivas, lo que hace que sus seguidores se sientan más íntimamente conectados con la propia marca. Este tipo de relación con su audiencia puede dar como resultado que se obtengan muchas más ventas a través de la plataforma de Instagram, lo que la convierte en una herramienta poderosa para casi cualquier marca en 2019.

¿Quién NO debería usar Instagram?

La gran popularidad de Instagram por sí sola es una gran razón para que la mayoría de las marcas se unan a esta plataforma y empiecen a crear una presencia. Sin embargo, eso no significa que sea la plataforma perfecta para todo el mundo y que se utilice de forma coherente. Mientras que cualquier marca de prácticamente cualquier nicho puede entrar en Instagram y empezar a utilizar la plataforma de una manera muy básica, las marcas que no prosperan con la narración visual deben abstenerse de utilizar Instagram como plataforma principal. Por ejemplo, si usted es un abogado, la mayoría de lo que usted habla y sus actividades diarias no pueden ser compartidas abiertamente con una audiencia amplia. Por esa razón, Instagram puede que no sea la mejor plataforma en la que usted centrarse de inmediato porque no va a tener mucho que compartir. Dicho esto, si su audiencia está en gran parte en Instagram, puede utilizarlo de una manera básica compartiendo imágenes de citas y biografías profesionales a través de sus imágenes como una forma de generar una presencia básica para su marca. De esta manera, la gente puede encontrarle en Instagram, pero no está usando la plataforma de una manera poco ética para su modelo de negocio.

Otro grupo de empresas que podrían evitar Instagram o minimizar el uso de la plataforma sería cualquier plataforma que no esté de ninguna manera asociada con la parte de la población que va de los 18 a los 34 años de edad. Si realmente no tiene nada interesante que compartir con este segmento de la población, entrar en Instagram puede ser una pérdida de tiempo, ya que tendrá que luchar para generar tracción y construir un seguimiento, pues su contenido será en gran medida irrelevante para los usuarios de la plataforma. Si realmente no tiene nada que ofrecer a este segmento de la población, puede ser mejor minimizar su uso de Instagram o evitarlo por completo y enfocar sus esfuerzos en otro lugar para que pueda experimentar un mejor retorno de su inversión de tiempo en línea.

Capítulo 6: Creando una estrategia para Instagram

Si ha determinado que Instagram es una de las mejores plataformas para su uso, debe empezar a aprovechar la plataforma de inmediato mediante el desarrollo de una estrategia para Instagram que le permitirá construir su marca de manera consistente y poderosa. Instagram tiene muchas partes móviles, por lo que es importante que entienda qué elementos de Instagram le van a ser más útiles, cómo utilizarlos y cuándo.

De esta manera, usted puede asegurarse de que está invirtiendo su energía y esfuerzos en Instagram de una manera que realmente será eficaz y le ayudará en el crecimiento de su plataforma y la conexión con su audiencia de una mejor manera. A continuación, usted aprenderá sobre las diferentes formas en que puede construir la estrategia para Instagram de su producto basado en el tipo de marca que tiene y lo que necesita fuera de la plataforma en relación con sus objetivos.

Determinando sus necesidades de exposición

Cada negocio requerirá cosas diferentes de Instagram, dependiendo de su modelo y de los productos o servicios que ofrezca a su audiencia. Las marcas que ofrecen servicios profesionales, por ejemplo, no necesitan estar tan comprometidas e interactivas como las marcas que ofrecen servicios o productos personales para que su público los utilice. Necesitará determinar cuánta exposición necesita su marca en función de su modelo de negocio y sus objetivos de negocio y construir su estrategia para Instagram en consecuencia.

Si usted es una empresa cuyo objetivo principal es la venta de servicios profesionales, su exposición y necesidades de compromiso en Instagram serán relativamente bajos. Mientras que usted desea continuar generando exposición de marca y un mayor número de seguidores, tampoco necesita necesariamente usar historias o IGTV para ponerse al frente de sus seguidores y construir una relación con ellos. De hecho, en muchos casos, puede incluso ser considerado poco ético o poco profesional, ya que querrá mantener una cierta imagen de su marca que le impida ser tan "amistoso" con su público. Los abogados y los investigadores personales, por ejemplo, no deberían utilizar todas las características del compromiso íntimo en Instagram. Esto ensuciará la imagen de sus negocios y resultará en que se vean como si compartieran demasiado o como si no fueran tan confidenciales como deberían ser.

Para una marca que solo necesita una exposición mínima o que necesita mantener un alto grado de confidencialidad, el simple hecho de utilizar el inicio de su perfil para compartir imágenes es suficiente para ayudar a que su marca resalte. En esta situación, puede asegurarse de que todas sus fotos sean profesionales y educativas sin ser demasiado personales ni exponer ninguna información confidencial. De esta manera, la gente puede verle, entender que tiene un alto grado de experiencia en su campo, y confiar en que va a ser lo suficientemente profesional como para apoyarlos en la satisfacción de sus propias necesidades.

Si usted es una marca que se esfuerza por tener una relación más íntima o una conexión con su público, entonces tendrá que utilizar una estrategia más implicada en Instagram para que haya muchas maneras de construir y nutrir esta relación. Por ejemplo, usted querrá aprovechar todas las corrientes de contacto como su inicio, historias, videos en vivo e IGTV para asegurarse de que su audiencia tenga suficiente contenido que consumir.

Cuando usted genera una gran cantidad de contenido para que su audiencia lo consuma, se asegura de que todo el mundo pueda conectarse con su marca de la manera que más le convenga en función de lo que está buscando o de lo que más necesita. De esta manera, si tiene un seguidor que prefiere el vídeo a las palabras escritas o la lectura a los vídeos, pueden consumir su contenido a través del medio elegido. Esto asegura que usted está atendiendo las necesidades de todos sus seguidores de la manera más amplia posible, en lugar de atender solo a aquellos que están dispuestos a consumir su contenido de una manera limitada.

Cómo crear una estrategia para su inicio

Cuando se trata de su fuente de noticias, hay tres cosas que debe considerar: el aspecto de sus imágenes, la forma en que sus imágenes encajan con su fuente general, y los pies de foto que van con sus imágenes. Necesita que toda su alimentación fluya bien al tener imágenes que compartan colores, estética y mensajes similares para que cuando alguien llegue a tu perfil y vea todas tus fotos juntas, se vean atractivas y atentas.

Cuanto más alta sea la calidad de cada imagen, más atractiva será para el público, lo que hace que sea más probable que se les preste atención. Si su audiencia los ve en su fuente de noticias o en una página de búsqueda hashtag, es más probable que haga clic en su imagen para ver qué otras imágenes están compartiendo en su línea de tiempo. Por lo tanto, tener imágenes de alta calidad atrae a la gente a su página y los anima a permanecer en ella o a seguirle para que puedan acceder a más imágenes que sigan la estética que usted ofrece.

Puede crear imágenes de alta calidad en su teléfono. Simplemente tome imágenes utilizando luz natural y objetos claros. Asegúrese de obtener imágenes claras y de alta calidad desde el principio. También puede utilizar imágenes de stock que se encuentran en sitios web como Unsplash.com o Negativespace.co. Una vez que tenga sus imágenes, puede cargarlas en un editor de fotos como Lightroom CC o VSCO de su teléfono para aplicarles filtros, o simplemente puede utilizar los filtros integrados en Instagram para que todas sus imágenes tengan el mismo esquema de color general.

Usted querrá asegurarse de que sus imágenes son de alta calidad y que todas encajan en su plataforma. Si no está seguro de sí una imagen se verá bien junto a sus imágenes existentes, considere descargar una aplicación de planificación de la línea de tiempo como PLANN y cargar sus fotografías en esta aplicación de planificación en primer lugar para que pueda ver cómo se van a ver juntas cuando cargue las imágenes. De esta manera, usted puede ver que cada imagen encajará perfectamente en la estética de su inicio perfectamente.

Los subtítulos que comparte deben ser de alta calidad y atractivos también para asegurar que sus seguidores estén leyendo lo que está compartiendo y no solo desplazándose a través de sus imágenes. Sus pies de foto son los que le permiten establecer relaciones, compartir promociones y animar a sus seguidores a que pasen por su embudo de ventas haciendo clic en el enlace de su biografía. Si desea tener un gran impacto en Instagram, necesita diseñar sus subtítulos para asegurarse de que sean interesantes, cortos y directos.

Aprender a contar historias a través de unas pocas frases tendrá un gran impacto en su capacidad para contarle a su audiencia lo que quiere que oigan y animarles a que le sigan o a que visiten su enlace. En algunos casos, pueden ser útiles subtítulos más largos. Sin embargo, debe abstenerse de hacerlos demasiado largos, ya que esto hará que sus seguidores ignoren la leyenda y se pierdan por completo la información que está compartiendo con ellos.

La última parte del diseño de una imagen de alta calidad y efectiva para su inicio es asegurarse de que está aprovechando el Hashtags.

Los Hashtags están enlazados en los mensajes de Instagram como una forma de asegurar que sus mensajes puedan ser encontrados por personas que no le están siguiendo, pero que están siguiendo o navegando por hashtags que son relevantes para su nicho. Puede obtener más información sobre hashtags relevantes buscando hashtags específicos de la industria en Instagram y yendo a la sección "hashtags similares" y encontrando nuevos hashtags que sean similares a los que usted está usando.

Usted debe centrarse en el uso de hashtags que tienen 50.000-500.000 usos, ya que estos son los que son lo suficientemente populares como para lograr que se encuentre, pero no tan popular como para que se entierre desde el primer momento en cuestión de minutos después de su publicación. Los hashtags que tienen más de un millón de usos tienden a tener cargas cada pocos segundos, lo que significa que en solo unos minutos, su foto estará completamente enterrada y nadie la encontrará.

Puede usar hasta 30 hashtags en cualquier mensaje, así que use tantos como pueda que sean relevantes para su nicho o su negocio. La mejor manera de usar hashtags manteniendo la estética de su mensaje es escribir 30 hashtags en una nota en su teléfono. Luego cópielos y péguelos en la sección de comentarios de su nueva imagen tan pronto como la publique. De esta manera, puede asegurarse de que su pie de foto siga siendo estéticamente atractivo y de que su imagen se encuentre fácilmente. Desea publicar este comentario unos segundos después de publicar su imagen para asegurarse de que su foto empiece a tener tracción de inmediato. Esto asegurará que usted es capaz de clasificar más arriba en el algoritmo, lo que mejora las probabilidades de que su foto sea vista por sus seguidores.

La parte final de la construcción de su inicio es considerar un calendario de publicación. En general, debe publicar de 1 a 3 veces al día, aunque las marcas que requieren menos exposición podrían considerar publicar solo de 3 a 5 veces por semana. Cada puesto debe ajustarse a los criterios anteriores para garantizar que sea de alta calidad y que tenga posibilidades de obtener tracción. Publicar regularmente asegurará que su marca permanezca en el mercado

Estrategias para sus historias y vídeos en vivo

Las historias y los vídeos en directo son características relativamente nuevas de Instagram, que solo se han añadido en los últimos dos años. Aun así, estas dos características se han convertido rápidamente en algunas de las más populares de Instagram, ya que dan a las marcas y a los individuos la oportunidad de compartir una parte más personal de su marca con su audiencia. Es posible que las acciones más personales no encajen estratégica o estéticamente en su flujo de noticias, lo que significa que, en el pasado, estas acciones se mantenían fuera de la plataforma para evitar que interrumpieran la consistencia de su marca en línea. Ahora, puede compartir este contenido en el inicio de historias en su cuenta o como un video en vivo para que pueda conectarse con su audiencia de una manera diferente.

Las historias y los vídeos en directo ofrecen una experiencia más personal porque muestran partes de su marca que no encajan con el "look" general que crea a través de las imágenes. Dicho esto, sus historias y videos en vivo deben ser relevantes para su negocio para evitar que la gente cuestione qué tienen que ver sus historias con su marca en general y por qué las está compartiendo en primer lugar.

Por ejemplo, si usted es una compañía que vende joyas de curación de cristales en Instagram, compartir historias sobre sus opiniones políticas en sus historias no es una buena manera de construir intimidad y relaciones con sus seguidores. En lugar de eso, usted podría considerar compartir historias que lo muestren haciendo la joyería, vendiéndola en ferias comerciales, o incluso saliendo a la naturaleza y sintiéndose inspirado para elaborar su próxima pieza. Compartir historias que son relevantes para sus seguidores pero que no necesariamente están completamente alineadas con su "look" es una gran manera de aumentar su imagen auténtica en Instagram y construir relaciones más fuertes con su audiencia en línea.

Las secuencias de vídeo en directo de Instagram se comparten de la misma manera que las historias. Además, solo serán visibles para su público durante las 24 horas siguientes al momento de su publicación. Dicho esto, las transmisiones de vídeo en directo suelen tener un propósito ligeramente diferente al de las historias. Las historias son fotografiadas o filmadas y luego compartidas, permitiendo a su audiencia verlas después del hecho e interactuar con usted con respecto a sus mensajes.

Los videos en vivo ofrecen la oportunidad de que sus seguidores le vean e interactúen con usted en el momento en que está filmando su contenido para el inicio. Una vez que el video en vivo se detiene, la interacción y el compromiso en vivo también se detienen, pero la gente puede seguir viéndolo y comprometiéndose con él hasta que expire después de 24 horas. Los videos en vivo se utilizan a menudo para preguntas y respuestas, tutoriales o para compartir cosas que actualmente está experimentando y que pueden ser relevantes para sus seguidores.

Por ejemplo, muchos maquilladores utilizan vídeo en vivo en Instagram para compartir tutoriales sobre cómo crear ciertos looks de maquillaje o comentarios de ciertos productos que su público puede apreciar. Si tiene un vídeo más largo que desea compartir, las fuentes de vídeo en directo son ideales, ya que están pensadas para tiempos de uso compartido más largos. Por el contrario, las historias en las que se hace clic están pensadas para que se compartan vídeos durante unos segundos.

Estrategias para su canal IGTV

En 2018, Instagram lanzó una nueva oportunidad para conectarse con su audiencia llamada "IGTV". IGTV es un canal basado en vídeo que puede usar para compartir vídeos que duran entre 30 segundos y 10 minutos con su audiencia. Esto es similar a YouTube, aunque está incorporado directamente en la aplicación Instagram y permite a la gente compartir videos interesantes, educativos o entretenidos con su audiencia para que puedan crear otra forma de involucrarse y compartir con su público. Muchas plataformas están utilizando IGTV como otra forma de generar un rostro personal para su marca y conectarse con sus seguidores al otro lado de la pantalla.

IGTV está optimizado para la visualización móvil, así que cuando grabe en IGTV, tenga en cuenta grabar verticalmente para asegurarse de que está optimizado para la plataforma. A continuación, asegúrese de que todo el contenido que está compartiendo es relevante para su marca y ayudará a su audiencia a recopilar información valiosa de usted mismo. También puede utilizar un calendario de publicación de IGTV para que su audiencia sepa cuándo esperar nuevos contenidos en su plataforma, lo que les permitirá confiar en usted para obtener nueva información.

Los usos más comunes de la IGTV incluyen la educación y el entretenimiento. Si usted es una marca que ofrece productos o servicios, educar a la gente sobre cómo usar esos productos o servicios es una buena manera de usar IGTV. Esto también le permite posicionarse como un experto en su campo. Por ejemplo, si usted es un entrenador personal, podría utilizar IGTV para proporcionar orientación básica sobre ciertas prácticas de acondicionamiento físico que su audiencia podría estar utilizando en sus propias rutinas de acondicionamiento físico para ayudarles a lograr sus objetivos.

También puede compartir consejos e información nutricional, recetas, estrategias sobre cómo diseñar las rutinas de ejercicio de un espectador, y mucho más. Si usted es una empresa que vende productos por diversión, podría considerar usar su canal IGTV para entretener a la gente mostrándoles los productos en uso. Por ejemplo, la tendencia de "fidget spinner" de 2017 podría haber usado IGTV para mostrar a la gente videos de individuos haciendo trucos interesantes con sus "fidget spinners".

Puede usar su IGTV para compartir de la forma que desee, aunque es importante que sus acciones siempre sean relevantes para la imagen y el mensaje de su marca. Estos videos son diferentes a sus historias o videos en vivo, ya que permanecen visibles hasta que los elimine, por lo que debe asegurarse de crear contenido que sea interesante y valioso durante un largo periodo de tiempo.

Comentando y dando me gusta

Aunque comentar y dar me gusta no es exactamente una acción a hacer en su perfil personal, puede ser una estrategia que puede utilizar para conseguir que más personas miren su perfil y lo sigan. Cuando comenta y le gustan las entradas adecuadamente, puede aumentar su propio compromiso, ser visto por más gente y maximizar sus posibilidades de que le siga su público objetivo. Por esa razón, cuando entre en Instagram, debería concentrarse en dedicar un tiempo cada día a comentar y dar me gusta a los mensajes de otras personas.

El mejor momento para que le guste y comente sobre el contenido de otros es dentro de la hora antes de que planee publicar su propio contenido. Enfóquese en comprometerse con las personas que usarán hashtags, así como con sus seguidores existentes, ya que estos son los individuos que tendrán más probabilidades de ver sus mensajes. Cuando comenta y le gusta el contenido de otros y se involucra con ellos, muestra el algoritmo de Instagram de que ambos son relevantes el uno para el otro. Esto significa que cuando publique en un breve espacio de tiempo, Instagram mostrará su nuevo contenido a las personas con las que se relacionaba. De esta manera, usted tiene más probabilidades de ser visto por su audiencia, lo que significa que usted tiene más probabilidades de ganar sus me gusta y comentarios sobre su contenido.

Otra forma en que los comentarios pueden utilizarse como estrategia es yendo a los hashtags relevantes para su nicho y dejando comentarios genuinos sobre el contenido de otras personas. Es importante que su contenido no parezca poco ingenioso o genérico.

No quiere parecer que es un bot dejando comentarios automatizados. Es menos probable que la gente se involucre con comentarios que no parecen genuinos.

Si está interesado en el contenido de alguien o siente que es un cliente o seguidor potencial, preste atención a lo que dice y comente la intención de abrir una conversación con él. Al hacer esto, se construye una relación entre usted y esa persona y aumentan sus posibilidades de seguirlo. Esto también aumenta sus posibilidades de ser seguido por los seguidores de esa persona o por cualquier otra persona que pueda ver su conversación y considerarle interesante, aumentando aún más su compromiso y la proporción de seguidores.

Por último, debe centrarse en seguir a los grandes influyentes de su sector y comentar y participar regularmente con su contenido en Instagram. Cuando usted comenta sobre una entrada de un gran influencer, los seguidores que leen la sección de comentarios verán su comentario y es más probable que le sigan. Cada vez que comente un artículo de un influencer, es posible que note una afluencia de nuevos seguidores en esa interacción.

Capítulo 7: Usando influencers

Una de las mayores oportunidades para ganar atracción en Instagram es colaborar con los influencers existentes para conseguir que su marca llegue más rápido a su audiencia. En Instagram, los usuarios influencers son individuos que han cumplido su misión de construir un público objetivo y ganar su confianza. Luego comercializan productos a esta audiencia para que las personas puedan descubrir nuevos productos, aprender qué productos son dignos de confianza y gastar el dinero sabiamente.

Los influencers tienen una gran influencia en la industria y pueden dar una publicidad rápida a cualquier marca. Los seguidores ya confían en ellos y están dispuestos a comprar virtualmente cualquier cosa que su influencer favorito ponga frente a ellos. Como pequeña empresa o marca personal, poner sus productos o servicios en manos de personas influyentes y hacer que promocionen sus productos ante un público ya existente es una excelente manera de asegurarse de que está llegando a las personas adecuadas.

Ser un influencer se ha vuelto tan popular que muchas marcas y personas influyentes por igual no están utilizando el modelo con la suficiente eficacia para conseguir que los productos de una marca lleguen a la audiencia adecuada. Es importante que empiece a utilizar este modelo de manera efectiva para evitar enviar productos a las personas equivocadas, minimizar el impacto de su marca o tardar demasiado tiempo en alcanzar la tasa de crecimiento que usted desea. En este capítulo, usted va a aprender a interactuar con personas influyentes de una manera que le permita hacer crecer su marca rápidamente y conseguir más clientes que paguen por sus compras dentro de su marca en un abrir y cerrar de ojos.

Diseñando un programa de referidos

Lo primero que debe hacer antes de acercarse a un potencial influencer es crear lo que se conoce como un "programa de afiliados". Un programa de afiliados es un programa que usted diseña dentro de su empresa que permite a las personas, como personas influyentes, recibir una forma personalizada de recibir pagos de su empresa a cambio de la comercialización de sus productos. Los programas de afiliados se establecen típicamente de una manera comisionable que permite a las personas influyentes recibir pagos basados en cada venta que dirigen a su sitio web. Al estructurar el calendario de pagos de esta manera, puede asegurarse de que está animando a sus afiliados a comercializar sus productos bien, ya que se les está pagando por cada producto que pasa a través de su enlace.

Normalmente, la escala de comisiones oscilará entre el 3% y el 15% de todas las compras realizadas a través del nombre del afiliado. El tamaño de la comisión que ofrezca dependerá de lo caros que sean sus productos, de lo mucho que el porcentaje sea igual al dólar, y de lo mucho que esté dispuesto a compartir con un afiliado como comisión. Usted necesita asegurarse de que elige un porcentaje que hace que la comisión valga la pena sin que sea tan caro y que asegure que su marca no está perdiendo una cantidad significativa de dinero cada vez que se hace una venta de afiliados.

También tendrá que estructurar el programa de afiliados en su sitio web. La mayoría de las empresas ofrecen un enlace único para que los usuarios de un afiliado hagan clic y completen sus compras. O bien, ofrecerán un código de descuento único para que los seguidores de un afiliado específico añadan incentivos, así como una forma fácil de hacer un seguimiento de las comisiones. Si usted es nuevo en el negocio y está ejecutando su propia plataforma, tener un código de descuento puede ser la opción más fácil, ya que esto le permite realizar un seguimiento de cada venta de afiliados sin tener que intentar crear enlaces personalizados para cada uno de sus afiliados.

Por último, tendrá que crear un acuerdo de afiliación que tendrá lugar entre usted y sus posibles afiliados. Esto es típicamente alguna forma de documento que dice lo que sus afiliados están recibiendo. Decida si desea enviarles productos gratuitos o con grandes descuentos. ¿Cuándo pueden esperar recibir sus productos? ¿Cuándo se harán los pagos sujetos a comisión? ¿Cuánto tiempo durará el acuerdo? Asegúrese de que el formato de su contrato sea revisado por un abogado para garantizar que todo lo que contiene es legalmente vinculante y protege tanto a su marca como a usted mismo y a sus afiliados de cualquier posible mala comunicación o pasos en falso involuntarios durante su asociación.

Calificando a los influencers

Después de que haya organizado su programa de afiliados, necesita comenzar a calificar a las personas influyentes para asegurarse de que solo los que realmente le van a apoyar para hacer un impacto en línea son los que están inscritos en su programa de afiliados. Recuerde, usted no quiere ofrecer descuentos en productos o productos gratuitos a personas que tienen pocas probabilidades de obtener un retorno efectivo de su inversión. Usted desea llegar a acuerdos con personas que estarán más dispuestas a participar en sus negocios y compartirlos con un público amplio e impresionable, de modo que pueda aumentar sus ventas, el reconocimiento de su marca y sus seguidores en línea.

En Instagram, usted puede encontrar una estrategia indeseable en la que la gente comenta en un post diciendo algo como "este es un gran post - envíanos un mensaje para obtener un[producto] gratis como afiliado". Esta estrategia demuestra que las marcas no están calificando adecuadamente a los influyentes y que están tratando de atraer a tantos influencers como sea posible. Esto se debe a que a veces ganan más dinero con los que influyen que con los que realmente compran a través de los que influyen. Esto se estructura típicamente de una manera en la que los nuevos afiliados obtienen un descuento mínimo en los productos y se les ofrece un código a cambio. La empresa obtiene beneficios de la afiliación y tal vez unos cuantos dólares extra si el afiliado realmente logra que alguien más le compre a la empresa.

Cuando este acuerdo ocurre, la compañía está enturbiando su propia marca y haciendo un pobre impacto en sus esfuerzos de mercadeo. Esta es una forma muy lenta y pequeña de crecer, parece pegajosa y a menudo es spam. Estos mensajes son a menudo activados por los bots, y son repetitivos en muchos mensajes diferentes. Eventualmente, la gente en el nicho se da cuenta de lo que está sucediendo y deja de prestar atención a la marca. Como resultado, la marca se da cuenta de que se han vuelto no comercializable y necesita cerrar la tienda.

Cuando usted está calificando a personas influyentes, debe asegurarse de que está buscando personas influyentes que tengan un mayor número de seguidores, que se dirijan a un público similar al suyo y que tengan suficiente participación real en sus puestos para asegurarse de que es probable que obtengan participación en sus puestos de marketing. También quiere personas influyentes que reflejen valores de marca similares a los suyos y que se aseguren de que se posicionen de manera efectiva de modo que reflejen la imagen y los valores que promueve su empresa.

Recuerde, estos son individuos que promocionarán su empresa. A través del uso de enlaces de afiliados y códigos de descuento, será obvio que su empresa está trabajando con ellos y animando a estas personas influyentes a promover su trabajo. Usted no quiere que sus productos o servicios sean promocionados por personas que no se alinean con la imagen y los valores de su marca, ya que esto puede resultar en que su marca sea posicionada de una manera que niegue la imagen que usted prefiere.

Por último, cuando califique a las personas influyentes, siempre busque a las que tengan más probabilidades de mirarlo a usted también. Recuerde, las personas que ejercen una influencia real se ganan la vida trabajando regularmente con las empresas en la promoción de productos y en el intercambio de servicios con su audiencia existente. Si usted es una compañía nueva y está tratando de apuntar a personas influyentes que tienen cientos de miles o incluso millones de seguidores y usted no está ya conectado con el influenciador de alguna manera, es posible que se le pase por alto.

Busque personas influyentes que estén sólo unos pocos niveles por delante de usted y que se ajusten a sus criterios de calificación para asegurarse de que se está conectando con aquellos que probablemente trabajarán junto con su marca y le harán justicia a través de sus estrategias de marketing. De esta manera, usted puede asegurarse de que está ejecutando su programa de afiliados y utilizarlo como una verdadera estrategia de negocio, lo que hace que valga mucho más su tiempo y esfuerzo.

Acercamiento adecuado a los influencers

El siguiente paso después de calificar a las personas influyentes es asegurarse de que usted se está acercando a ellos adecuadamente. El ejemplo que usted vio al principio de la sección anterior es una manera común en que la gente intenta llegar a los que ejercen influencia, pero también es altamente ineficaz. Cuando usted interactúa con personas influyentes de este modo, lo que termina sucediendo es que las personas influyentes profesionales más grandes pueden ignorarlo, ya que creen que su negocio es ilegítimo. Las personas más pequeñas que desean convertirse en personas influyentes, pero que carecen de sentido comercial y de marketing, pueden llegar a usted. Si bien puede crecer, será lento, mínimo y requerirá mucho esfuerzo por su parte para alcanzar el nivel de crecimiento que alcanzaría si se dirigiera eficazmente a las personas adecuadas.

Cuando usted busca acercarse a la gente para considerar su programa de afiliados, hágalo de una manera profesional, buscando el método adecuado para ponerse en contacto con ellos primero. La mayoría de las personas influyentes tendrá alguna forma de contacto disponible en sus cuentas Instagram, como una dirección de correo electrónico o un botón "contáctame" que le permitirá ponerse en contacto con ellos. Si no ve una manera clara de contactar con ellos profesionalmente, querrá enviar un mensaje al influencer y preguntarle si tienen un método de contacto preferido para las marcas que buscan conectarse con ellos. Siempre acérquese a los afiliados en privado y asegúrese de compartir de manera profesional para que los afiliados se sientan más cómodos conversando con su marca. Nunca deje que sea el influenciador quien se ponga en contacto con usted. Depende de usted llegar a ellos, ya que es su marca la que está buscando sus servicios.

En sus mensajes, sea muy formal y claro sobre su propuesta. ¿Por qué su empresa desea colaborar con ellos? Además, asegúrese de que está enviando mensajes al influenciador de una manera que tenga sentido y que no parezca una cantidad abrumadora de información. Empiece por presentarse a sí mismo, a su empresa, a sus valores y a sus productos y servicios, de modo que el influenciador pueda determinar si usted está incluso alineado con lo que ellos desean comercializar a su audiencia en primer lugar.

Luego, si muestran interés en pasar al siguiente nivel, tómese el tiempo para repasar los detalles del programa y la oferta que usted tiene para ellos. Asegúrese de ser siempre claro y franco. Usted nunca quiere entrar en un acuerdo de afiliación después de haber usado tácticas de manipulación en un intento de conseguir que un influenciador se una a usted.

Recuerde, las personas influyentes hacen tratos como este todo el tiempo. Si se acerca a los correctos, serán profesionales y sabrán qué esperar y qué hacer en el proceso de construcción de acuerdos con las empresas. Si usted utiliza prácticas comerciales turbias, intenta manipularlas o es deshonesto de alguna manera, es muy probable que el influencer se dé cuenta de ello y se niegue a trabajar con usted. Él o ella no querrá quedar atrapado en un trato que no les sirva a ellos o a su público.

Si un influencer decide que quiere trabajar con usted, asegúrese de ser siempre franco y honesto y de mantener abiertas las líneas de comunicación entre usted y el influencer. Sea profesional y asegúrese de que siempre se le pague a tiempo, de que cualquier cambio o preocupación sea atendida profesionalmente, y de que usted les agradezca por sus servicios y su compromiso de apoyar su marca. Cuanto más profesional sea, más querrá un influencer compartir con su audiencia y más crecimiento verá su negocio. Los influyentes hablan entre ellos, así que, si le pillan construyendo una reputación negativa o tóxica, saldrá a la comunidad bastante rápido y tendrá que luchar para crear cualquier trato futuro. Esto, de muchas maneras, puede condenar su negocio y destruir su reputación por completo.

Si un influenciador decide que no quiere trabajar con usted o si no responde a su pregunta, asegúrese de que usted es profesional lidiando con esto también. No moleste al influenciador enviándole mensajes repetidamente, tratando de llamar su atención, o tratando de hacer trueque con él para que cambie de opinión, ya que este tipo de comportamiento solo lo llevará a construir una mala reputación.

Agradezca a la persona influyente por el tiempo dado si ha respondido y respete su decisión. Nunca se sabe, tratar a un influenciador con respeto desde el principio puede conllevar la oportunidad de crear un acuerdo más tarde, cuando su marca es más grande y es más reconocida públicamente. Al principio en los negocios y en el mundo de los medios de comunicación social, nunca se quiere quemar puentes con personas que tienen la oportunidad de hacer crecer o de hundir su nombre en la industria.

Sección 3: YouTube

Capítulo 8: Estadísticas de YouTube y tendencias

YouTube es una plataforma de redes sociales que ha permanecido relativamente inalterada a lo largo del tiempo, además de haber realizado ajustes sutiles en la forma en que los usuarios pueden subir y compartir vídeos a medida que la tecnología ha mejorado. Si quiere entrar en YouTube, debe saber que la base de la plataforma es compartir vídeos. Por lo tanto, si está buscando algo más dinámico que eso, es posible que desee buscar en otro lugar. Dicho esto, estar en YouTube ofrece muchas ventajas que pueden ayudar a las marcas a añadir una capa extra a su negocio y a crecer más rápidamente a través del contenido de vídeos.

Estadísticas de YouTube

YouTube puede tener más competencia que nunca con Facebook e Instagram añadiendo opciones de canal en sus plataformas, pero YouTube sigue dominando en la industria de compartir vídeos. En 2018, más de 30 millones de usuarios diarios estaban viendo más de 5.000 millones de vídeos en YouTube de más de 50 millones de creadores de contenido que comparten contenido en la plataforma. A pesar de la mayor competencia, el tiempo medio de visualización de YouTube aumentó un 50% año tras año, con un promedio de 40 minutos de contenido vistos por una persona cada día.

La demografía de YouTube es muy diferente a la de la mayoría de las otras plataformas, con más del 60% de los usuarios varones y más del 80% de los usuarios procedentes de fuera de los Estados Unidos. En 2018, aproximadamente el 9% de los propietarios de pequeñas empresas utilizaban YouTube de alguna manera para generar contenido de vídeo para sus audiencias. Entrar en YouTube es una gran manera de llegar a las audiencias de más de 35 años y más de 55 años, ya que estas parecen ser las que más están entrando en YouTube para consumir y disfrutar el contenido realizado por aquellos creadores que les gustan.

Tendencias en YouTube

El contenido de vídeo ha ido creciendo constantemente en popularidad a medida que la gente disfruta viendo a otras personas en acción. En lugar de simples imágenes o texto escrito, el contenido de un vídeo ofrece a los espectadores la oportunidad de sentir que se están conectando personalmente con las marcas al ver a personas reales realizar tareas reales. Esto parece alinearse con la tendencia creciente de traer de vuelta lo "social" en los medios de las redes sociales para que la gente pueda empezar a sentirse como si estuviera conectada una vez más. La interacción en vídeo ofrece una alternativa a la de martillar el sistema lleno de materiales promocionales e intentar convertir a cada uno de los miembros de la audiencia en una parte de sus sueldos.

Debido a que el contenido de vídeos está aumentando tanto y a que los miembros de la audiencia están buscando un mayor compromiso social por parte de los creadores de contenido, las marcas están atendiendo a sus audiencias mediante la creación de contenido gratuito para que su audiencia lo disfrute. Este contenido gratuito puede ser diseñado como tutoriales, vídeos informativos o educativos, entretenimiento, guías, vídeos inspiradores, o cualquier otra cosa que se alinee con la imagen y el mensaje de la marca y ofrezca valor a su audiencia.

Normalmente, el contenido también se referirá a uno de los artículos de pago de la marca, pero lo hará de una manera que todavía proporciona un valor excepcional a la audiencia, ya sea que lo compre o no. De esta manera, son capaces de generar interés en su audiencia y establecer una audiencia recurrente. La marca sigue siendo relevante, de modo que si un producto, servicio o incluso tiempo diferente atrae más a un miembro de la audiencia, es más probable que se compren esos artículos. En otras palabras, una audiencia retenida equivale a una mayor oportunidad de hacer ventas debido al hecho de que los miembros de la audiencia pueden encontrarse sin interés o incapaces de comprar de inmediato, pero dispuestos a comprar en una fecha posterior o adquirir un producto diferente.

¿Quién NO debería estar en YouTube?

A pesar de que el contenido de vídeo está a la moda estos los últimos años, YouTube sigue siendo una plataforma bastante específica y no todo el mundo va a tener el mismo éxito en esta plataforma. Si desea generar un éxito masivo con YouTube, debe asegurarse de que lo está utilizando correctamente, de que su público objetivo está realmente en él, y de que es capaz de llegar a su público en cualquier otro lugar de la red utilizando sus vídeos de YouTube. La mayoría de las demás plataformas ofrecen ahora funciones de vídeo válidas. Puede que le resulte más útil pasar tiempo en esas plataformas y con sus respectivos servicios de vídeo si no es usted alguien que va a obtener el máximo valor de YouTube.

YouTube es excelente para los creadores de contenido que están dispuestos a producir contenido consistente semanalmente y que son capaces de proporcionar un inmenso valor a través de ese contenido de una manera que tiene sentido para el canal y la marca en general. Piénsalo de esta manera, la mayoría de la gente que está viendo YouTube lo está viendo como si fuera Netflix o Hulu, excepto que es creado por individuos que son capaces de subir su propio contenido.

Cuando alguien le sigue en YouTube, quiere confiar en que su contenido será coherente, que puede esperar verlo el mismo día de cada semana y que puede confiar en que cada vídeo va a ser interesante o relevante para ellos. Esta es la razón por la que la mayoría de los creadores de contenido crearán una serie de vídeo con episodios que cargan de forma coherente para los miembros de su audiencia. Si no está preparado para crear un canal coherente y consistente con muchos vídeos interesantes, similares y relevantes para que su audiencia los vea, puede que no sea una buena idea que empiece a crear contenido para YouTube.

Sin embargo, hay ciertas excepciones a esta regla. Muchas marcas crearán solo unos pocos vídeos y los subirán a YouTube y los incorporarán a sus estrategias en otras plataformas como parte de su canal. En esta situación, en lugar de intentar crear un seguimiento en YouTube, estos creadores están utilizando YouTube para hacer crecer sus seguidores en una cuenta separada en una plataforma completamente diferente.

También puede considerar la posibilidad de crear contenido privado en YouTube que luego se comparte con personas privadas, ya sea a través de una suscripción a YouTube o a través de cursos privados en su sitio web si usted es un creador de cursos digitales. Debido a que YouTube es tan versátil, hay muchas maneras de combinarlo con otras plataformas y estrategias para asegurarse de que está sacando el máximo provecho de su estrategia en línea general. No tenga miedo de considerar YouTube si quiere incorporar vídeo en otro lugar. Sin embargo, asegúrese de considerar si los vídeos de YouTube van a ser el método más eficaz que usted pueda utilizar cuando se trata de crear este contenido, a diferencia de otras características de vídeo in-app que se están incorporando en diferentes plataformas.

Capítulo 9: Creando una estrategia para YouTube

Si usted determina que YouTube es una parte efectiva de su estrategia general en línea, entonces es importante que se acerque a YouTube con la estrategia correcta para asegurar el crecimiento del canal. Si utiliza YouTube para incorporarlo específicamente a otra plataforma de medios sociales o para crear contenido del curso, este capítulo será irrelevante para usted, ya que incluirá compartir vídeos o clips de YouTube en plataformas separadas. En ese caso, simplemente va a crear una estrategia para esa plataforma y a establecer cómo va a incorporar YouTube en ella. Sin embargo, si quiere crear una presencia consistente en YouTube y empezar a ser visto más frecuentemente por su audiencia aquí, querrá tener una estrategia específica en YouTube que le ayudará a ser visto y generar más atracción en la plataforma.

YouTube es diferente a otras plataformas, ya que está construido para ser más parecido a un motor de búsqueda basado en vídeo que a una plataforma de intercambio social. No hay manera de compartir actualizaciones de estado, fotos o historias con miembros de su audiencia. En lugar de eso, simplemente se comparten fotos y se intercambian comentarios y mensajes privados con los seguidores.

Debido a lo diferente que es, puede llevar algún tiempo aprender a conectar realmente con su audiencia, generar compromiso y e interacciones con ellos, y hacer crecer su negocio en YouTube.

Creando series

Antes de empezar a crear cualquier contenido o subir cualquier cosa a su canal de YouTube, es importante que empiece por crear un plan para lo que va a publicar y cuándo asegurarse de que todo lo que comparte es relevante y coherente. A la hora de decidir lo que quiere publicar en YouTube, incluyendo el tema de su serie y los episodios que usted quiere crear, es importante que se asegure de que el tema de su canal y el contenido que va a compartir sea relevante para su audiencia.

Muchas marcas cometerán el error de crear canales de YouTube pensando que el contenido que están creando va a ser relevante para su audiencia, pero, desafortunadamente, no lo es y por eso su audiencia nunca crece. Si quiere adquirir el éxito en YouTube, tiene que empezar por asegurarse de que está diseñando una serie y episodios que realmente van a atraer a su audiencia y que pueden ganar atracción en línea. De lo contrario, simplemente estará perdiendo el tiempo y puede frustrarse al tratar de construir su audiencia en YouTube.

Cuando se trata de determinar qué serie desea crear, considere lo que le importa a su audiencia y lo que quiere ver y aprender. Su serie debe ser siempre relevante para su nicho. Cuando se trata de crear contenido de YouTube, usted quiere centrarse aún más en el láser para asegurarse de que es capaz de dirigirse claramente a una parte de su audiencia y empezar a construir desde ese punto. Siempre se puede tratar de expandir a más audiencia con el tiempo o diversificar a través de los episodios, pero la serie en general debe estar muy enfocada en la audiencia objetivo, particularmente en la parte de la audiencia que tendrá más probabilidades de ver videos más largos.

Por ejemplo, si usted es un entrenador personal para mujeres, podría considerar comenzar una serie de yoga en YouTube para empezar a ofrecer apoyo a las personas que no pueden trabajar con usted en persona, ya sea debido a los fondos o a la distancia. Esta es también una gran manera de proporcionar apoyo adicional a su audiencia local y a aquellos que quieran una estrategia de acondicionamiento físico adicional para usar en sus propias casas cuando no están en el gimnasio entrenándose con usted.

Usted puede determinar cuál va a ser la mejor serie mediante la realización de estudios de mercado. Tómese un tiempo para ver qué vídeos se ejecutan mejor en YouTube, qué busca su audiencia y qué preguntas hacen más a menudo. Cuando empieza a crear el contenido que su audiencia quiere ver de forma consistente, es más fácil desarrollar un canal de YouTube que crezca rápidamente y le permita obtener un flujo de ingresos adicional.

La última parte del trabajo de preparación que necesita hacer en el diseño de su canal es crear su programa de publicación, que determinará su frecuencia para subir vídeos a YouTube. La mayoría de los canales nuevos publicarán una o dos veces por semana, y algunos más grandes lo harán diariamente. Puede empezar con el número más bajo desde el principio y, si le parece que encaja, aumente su frecuencia con el tiempo a medida que empieza a aprender a crear vídeos de alta calidad y a promocionarlos en línea de forma efectiva. Asegúrese de que el horario que se proponga crear al principio sea uno que pueda cumplir. ¡Usted no quiere promover un espectáculo que se emitirá varias veces a la semana solo para descubrir que ha prometido mucho más de lo que razonablemente puede entregar!

Diseñando contenido para YouTube

Una vez que haya decidido de qué tratará su serie, debe asegurarse de que empieza a crear contenido de alta calidad que realmente encaje con el propósito de su serie. Hay algunas maneras de crear contenido para su canal. La mejor manera es seguir un proceso simple de tres pasos para crear cada una de los vídeos que irán en su plataforma. Esto incluye la elección del tema, la descripción de lo que se va a hablar y, a continuación, la filmación del vídeo que se va a subir a YouTube.

Cuando se trata de elegir un tema, asegúrese de elegir uno que sea relevante para su serie y que vaya a ofrecer a su audiencia algo relevante e interesante que ver. Empiece por elegir un tema general y determine cómo encaja con los vídeos que ya ha realizado, si se alinea con lo que su público responde mejor y cuánto tiene que decir sobre el tema. Si usted tiene un tema que va a ser fácil de hablar, le proporciona suficiente contenido relevante para atraer a su audiencia, y que le dará alguna forma de valor tangible, ¡entonces usted sabe que ha tocado un tema positivo para comenzar a hablar de él en su canal!

El siguiente paso es esbozar su vídeo real para estar preparado cuando llegue el momento de filmarlo. Nada es peor que ver un video de alguien que no está preparado y que pasa todo el tiempo hablando sin rumbo, confundido o, en general, sin tener claro qué es lo que quiere decir. Usted necesita hablar con claridad, enfoque y dirección.

Es probable que tampoco quiera ver el contenido de un guion, a menos que la persona esté increíblemente dotada para hacer que el guion suene auténtico. Asegúrese de resaltar algunos puntos de los que quiere hablar, y en qué orden, para que cuando empiece a filmar para su canal de YouTube, sea capaz de filmar un vídeo de alta calidad que ofrezca un contenido magnífico de forma directa y clara.

Cuando se trata de filmar, asegúrese de que está listo para filmar contenido de alta calidad con el equipo adecuado. Usted puede utilizar la iluminación natural o puede comprar un kit de iluminación barata que puede colocar delante de usted para asegurarse de que está bien iluminado cuando se trata de filmar sus videos. También debe asegurarse de que está filmando vídeos de alta calidad con una calidad de al menos 1080p. Aunque, 4K será una preferencia en 2019, ya que la mayoría de los reproductores y dispositivos de vídeo estándar soportan 4K. Por último, asegúrese de que está eligiendo un fondo que sea atractivo, no que distraiga, y que encaje con su video y agregue profundidad a lo que todos estarán viendo.

Entendiendo el SEO de YouTube

Una vez que haya filmado su vídeo, tendrá que subirlo a YouTube utilizando estrategias adecuadas de SEO para asegurarse de que encuentran su vídeo realmente. Recuerde, YouTube es un motor de búsqueda de vídeos, por lo que debe asegurarse de que su vídeo está diseñado correctamente para aumentar sus posibilidades de ser encontrado por los espectadores potenciales. Puede aumentar la visibilidad del vídeo utilizando el título, la descripción, las palabras clave y las miniaturas correctas.

Cuando se trata de títulos, los navegadores de YouTube ven los primeros 30 caracteres del título en el móvil y alrededor de 60 en los navegadores. Usted quiere asegurarse de crear títulos que capturen inmediatamente la atención del espectador y que no sean demasiado largos para evitar que el título se corte en los resultados de la búsqueda. Si el título de su vídeo es demasiado largo o no capta la atención inmediatamente, es posible que la gente no sepa lo que es o no se dé cuenta de que sería relevante para ellos.

Asegúrese de que sus títulos sean descriptivos, claros y cortos para asegurarse de que lo encuentran. Por ejemplo, en lugar de crear un título que diga "mi tutorial profesional de maquillaje para el ojo ahumado", su vídeo debería ser algo así como "tutorial de Ojo Ahumado- Aprobado por mí". De esta manera, su título es pegadizo, interesante y directo. La primera parte del título refleja la parte más importante del vídeo y el resto proporciona información interesante y perspicaz que puede animar a alguien a elegir su vídeo por encima de los demás.

Las descripciones le permiten añadir más claridad o contexto a sus vídeos, aunque las descripciones más largas suelen ignorarse, ya que YouTube se utiliza principalmente para compartir vídeos. Asegúrese de que sus descripciones sean directas e interesantes y no tenga miedo de usarlas para promocionar cualquier cosa de la que pueda estar hablando en el video. Por ejemplo, muchas marcas utilizan la descripción del video para enlazar con ciertos productos, servicios o información para los espectadores que pueden estar interesados en aprender más. Simplemente llene la descripción del video con esa información y hágalo corto y ameno.

Cada vídeo puede tener hasta 25 palabras clave etiquetadas en el vídeo que no son vistas por los espectadores, pero que ayudan a que el vídeo sea clasificado y categorizado correctamente en YouTube. Si desea maximizar su audiencia, debe asegurarse de que está utilizando las palabras clave correctas para que su vídeo sea visto y localizado. Hay dos maneras excelentes de encontrar palabras clave de YouTube para usar en sus vídeos: buscándolas en un navegador de palabras clave o escribiéndolas en la barra de búsqueda de YouTube y viendo qué "búsquedas populares" aparecen en la barra de sugerencias. Ambos le darán una idea de las palabras clave que debe utilizar en sus vídeos para asegurarse de que se encuentra.

Por último, asegúrese de que está utilizando una miniatura de alta calidad que despierte el interés de su vídeo y que proporcione a los posibles espectadores una idea de cómo será su vídeo. Cuanto más interesante y llamativa sea la miniatura, más probable es que la gente haga clic y vea el vídeo. En YouTube, cuantas más vistas tenga, más alto se clasificará en el motor de búsqueda, lo que es una forma excelente de aumentar su posicionamiento SEO en YouTube.

Capítulo 10: Comercialice su canal adecuadamente

La última parte del crecimiento de su canal de YouTube es la comercialización adecuada. Una vez más, YouTube es una plataforma muy versátil que puede integrarse casi en cualquier lugar. Dicho esto, usted quiere asegurarse de que está invirtiendo tiempo en integrarlo correctamente para garantizar que está creando oportunidades óptimas para que sus vídeos sean vistos en línea. En este capítulo, vamos a tratar sobre cómo puede compartir su vídeo en la red para aumentar la visibilidad de su canal.

Compartiendo en plataformas de redes sociales

Compartir sus videos en plataformas de medios sociales es una de las mejores maneras de asegurarse de que su público objetivo le está descubriendo, ya que es probable que su público objetivo ya le esté siguiendo en otras plataformas. Cuando comparta en otras plataformas de redes sociales, asegúrese de que realmente comparte de una manera que sea auténtica y aumente el interés, en lugar de simplemente "dejar caer el enlace" o colocar un enlace sin una explicación clara de lo que es o por qué la gente debería verlo. Cree una publicación sobre lo que es su vídeo, explique por qué es tan valioso e invite a la gente a verlo. Puede hacer esto en pocas palabras o a través de un mensaje más grande dependiendo de quién es su audiencia y qué es lo que más les atrae.

Asegúrese de evitar el uso de frases como "mira lo que pasa cuando esta abuela abre este regalo...", ya que son anticuadas y ya no crean el mismo impacto que una vez crearon en línea. Asegúrese de compartir el enlace en tantas áreas como pueda y en tantas plataformas como pueda. No tenga miedo de compartir clips en sus historias, posts de Facebook, posts de Twitter, una foto de Instagram dirigiéndose a la gente allí, enlaces en grupos y en blogs, etc., siempre y cuando esté compartiendo algo realmente. Asegúrese de que sus mensajes aparezcan como únicos y atractivos, y no como spam o abrumadores. Intente reciclar su contenido sin copiarlo y pegarlo directamente para asegurarse de que la gente vea que ha puesto un pensamiento genuino en compartirlo con cada una de sus audiencias.

Embedding en su sitio web

Si tiene un sitio web, compartir vídeos incrustándolos o subiéndolos a las entradas del blog es una buena manera de añadir otro punto de interés a su sitio web. Esto le permite construir su sitio web en su embudo. Por ejemplo, si construye un blog y comparte sus vídeos ahí, puede dirigir a las personas de otras plataformas de medios sociales a su blog, lo que podría permitirles formar parte de su lista de correo electrónico si tiene habilitada la captura de clientes potenciales en su sitio web.

Compartir en un boletín de noticias en su correo electrónico

Si usted tiene un boletín semanal por correo electrónico, esta es otra gran oportunidad para que usted pueda compartir videos con su audiencia. Puede crear un boletín en torno a su último vídeo y compartirlo de esa manera, lo que permite a la gente hacer clic y ver su vídeo en su cuenta de YouTube o en su blog. Si desea aumentar su oportunidad de compartir a través del correo electrónico con su contenido de YouTube, así como otros formatos de contenido, usted querrá asegurarse de que utiliza un blog en su sitio web y que tiene un incentivo efectivo que anima a la gente a unirse a su lista.

Sección 4: Facebook

Capítulo 11: Estadísticas de Facebook y tendencias

Facebook es una de las plataformas de redes sociales más antiguas y más grandes que existen, y también ofrece una plataforma diversa y extensa para que las marcas hagan crecer sus negocios. Si usted está buscando construir su marca en línea, Facebook debe ser virtualmente siempre una parte de su estrategia, ya que ofrece una amplia demografía que utiliza la plataforma de forma regular, por lo que es la mejor opción para cualquier negocio con casi cualquier tipo de público.

¿Quién está en Facebook?

Facebook es la mayor plataforma de redes sociales en línea y resulta que tiene el rango demográfico más amplio de todas las plataformas de redes sociales disponibles. Facebook tiene más de 1.320 millones de usuarios activos diarios, lo que lo sitúa alrededor de un 40% más popular que cualquier otra plataforma en 2018. La mayoría de los usuarios de Facebook revisan sus cuentas varias veces al día y siguen una de las más de 50 millones de páginas de negocios que están activas en Facebook.

Facebook tiene una distribución bastante uniforme entre hombres y mujeres que utilizan la plataforma, lo que la convierte en un gran medio con el que apuntar a ambos sexos. Más del 80% de los usuarios de Facebook son menores de 45 años, aunque todavía hay una amplia gama de personas mayores de 46 años que también utilizan la plataforma de forma regular. Es menos probable que las generaciones mayores sigan las plataformas de negocios y se involucren en el contenido empresarial, ya que por lo general solo lo utilizan para conectarse con la familia y algunos sectores de las generaciones mayores no saben cómo utilizar la plataforma con todas sus características.

¿Quién necesita estar en Facebook?

En pocas palabras, si usted es una empresa en 2019, tienes que estar en Facebook. Todo el mundo puede beneficiarse de tener una presencia en Facebook, incluso si no está usando Facebook como su plataforma principal. Muchas marcas incluso generan una página de Facebook y programan el contenido de una semana a la vez y luego simplemente se comprometen con cualquier comentario que puedan recibir de ese contenido. Este tipo de estrategia asegura que la plataforma permanezca activa y funcionando, incluso si no la está utilizando como su principal fuente de conexión.

Otra razón por la que necesita estar en Facebook es porque Facebook es propietario de Instagram. Esto significa que cualquier publicidad de pago que desee hacer en Instagram, o cualquiera de las características comerciales más elaboradas que desee utilizar en esa plataforma, debe hacerse a través de Facebook. Si no tiene una página de negocios en Facebook, no podrá crear una cuenta de negocios en Instagram ni lanzar promociones pagadas en la plataforma de Instagram. Por esa razón, todas las marcas deben estar en Facebook en 2019, si es que no lo están ya.

Capítulo 12: Creando una estrategia para Facebook

Una vez que esté en Facebook, necesita diseñar una estrategia para aumentar su audiencia y empezar a conectarse con más gente en línea. Facebook tiene como objetivo más actividad social en 2019, por lo que es importante que aprenda a socializarse de una manera que enfatice la conexión social si va a crear alguna atracción o ser visto por su público objetivo en línea. En Facebook, pasar el tiempo es tan importante como lo que usted comparte, ya que la plataforma ofrece muchas oportunidades diferentes para compartir contenido en diferentes áreas. Por esa razón, si planea usar Facebook activamente, necesitará una estrategia diversificada que le ayude a ponerse delante de tanta gente como pueda.

Lugares en dónde publicar

Facebook tiene tres áreas en las que puede publicar contenido: en páginas de negocios, en su página personal o en grupos. Muchas personas están utilizando las páginas personales como su principal oportunidad para construir una presencia profesional en Facebook, ya que estos perfiles son los más fáciles de obtener visitas. Dicho esto, no se puede construir una marca a través de un perfil personal de Facebook a menos que su marca sea una marca personal, por lo que tendrá que tener algún tipo de página de negocios en la que construir. Por supuesto, siempre puede compartir el contenido de la página de su negocio en su perfil personal, maximizando su alcance. Además de compartir en su línea de tiempo nativa, también puede compartir en grupos que sean relevantes para su nicho, lo que puede hacer mucho más fácil que su marca sea vista por su audiencia en línea.

Creando páginas de negocios

Construir una página de negocios en Facebook si aún no lo ha hecho es importante, ya que le dará acceso a muchas funciones valiosas, como la creación de anuncios de pago y el aumento de puestos. En 2017, Facebook anunció una nueva función de "reloj" que también se hizo más popular a finales de 2018 y que seguirá creciendo en 2019. Si quiere tener el potencial para que sus videos sean vistos en la plataforma de visualización, necesitará tener una página de negocios en la que pueda publicar videos regularmente y ganar nuevos seguidores.

Puede construir la página de su negocio en Facebook simplemente haciendo clic en el botón "crear una página" en el menú de acciones en el lado izquierdo de la pantalla de su escritorio. Desde allí, podrá elegir un nombre de página (que debería ser su nombre de marca), elegir una imagen de perfil y elegir una imagen de portada para su página. Luego, usted querrá ir a la configuración de "acerca de" y mencionar de qué categoría es su página, qué palabras clave están asociadas con su página, crear un nombre de usuario para su página, y crear una breve descripción para la misma.

Una vez que tenga una página de negocios, tendrá que actualizar regularmente el contenido de la página para asegurarse de que permanezca activa y relevante. También querrá compartirlo frecuentemente con varios grupos y en su perfil personal para que su página pueda ser vista. También puede utilizar promociones pagadas y posts potenciados como una forma de conseguir que su página sea vista por las partes interesadas, ya que esto colocará sus posts frente a una audiencia a la que no le guste su página, lo que hará más fácil que le encuentren.

Creando contenido de calidad

La creación de contenido para Facebook requiere que comparta una variedad de imágenes, vídeos y actualizaciones de estado para que su público tenga una variedad de contenido para consumir. Típicamente, la mayoría de las marcas se adhieren principalmente a uno o dos medios de compartir y solo se interesan por los demás de vez en cuando, ya que hay muchas maneras diferentes de compartir y tratar de usar todos ellos sería muy abrumador. Si usted es nuevo en Facebook y se está preguntando cuál es el mejor para empezar, considere empezar con el contenido de vídeo por su popularidad. También puede utilizar fotografías que tengan citas o que vayan acompañadas de citas inspiradoras en el título.

Cuando comparta, asegúrese siempre de que el contenido que está compartiendo sea de alta calidad, relevante y que valga la pena leerlo. Absténgase de compartir cualquier cosa que se considere fuera de marca, que carezca de valor, que esté mal escrita o que vaya acompañada de vídeos o fotografías de mala calidad. Este tipo de contenido tiende a hacer que la gente se desplace e ignore lo que usted ha compartido.

Usted debe considerar todos los aspectos de cada uno de los mensajes y prestar atención a cómo su público recibirá estas piezas de información para asegurarse de que todo lo que publique le va a ayudar a ganar más seguidores y mayores niveles de interacción. Recuerde, cuanto más comprometido esté con su contenido, más se verá. Los mensajes con los que no se interactúa regularmente serán ocultados rápidamente por Facebook, ya que la plataforma asumirá que es irrelevante. No querrán compartirlo con sus usuarios porque no quieren generar una plataforma que sea irrelevante o poco interesante.

Capítulo 13: Publicidad en Facebook

Facebook es conocido por ofrecer una gran función de publicidad in-app que le permite a usted pagar para anunciar su marca o impulsar sus entradas en la plataforma. Los mensajes patrocinados, o anuncios pagados, son una gran manera de asegurarse de que su marca sea vista por una audiencia más amplia y que sea más probable que sea vista con frecuencia. Al utilizar la plataforma publicitaria de Facebook, es importante que la use correctamente para evitar gastar dinero en anuncios que no funcionan. Aunque el sistema es extremadamente poderoso y hay muchas grandes oportunidades, si no lo está usando eficazmente, descubrirá que su plataforma no prospera y que simplemente desperdicia dinero en anuncios de Facebook. En este capítulo, aprenderá cómo y cuándo crear anuncios para asegurarse de que está obteniendo la máxima productividad de sus mensajes mejorados y patrocinados.

Apertura de su cuenta administradora de publicidad de anuncios

Lo primero que debe hacer para alojar anuncios en Facebook o Instagram es abrir una cuenta de administrador de anuncios. Para ello, vaya a Facebook en su escritorio y desplácese hacia abajo hasta la pestaña "Administrador de publicidad" en la barra de herramientas de acciones en el lado izquierdo de la pantalla. Allí podrá introducir la forma de pago que desea utilizar y las páginas que desea vincular a su cuenta de administrador de anuncios. Una vez que haya creado su cuenta, se le llevará a un panel de control donde podrá ver los anuncios que haya creado, ver cuánto dinero debe a medida que se publiquen sus anuncios y gestionar otra información relacionada con los anuncios de su cuenta de Facebook.

Creando sus propios anuncios

Para crear un anuncio en su página de Facebook, deberá ir a las tres líneas de la esquina superior izquierda de la ventana del navegador, junto a las palabras "Gestor de Publicidad". Allí, busque la pestaña "Crear y administrar" y pulse "Administrador de anuncios". El gráfico de tareas que aparece mostrará un botón verde que dice "+ Crear" que deberá tocar y luego decidir qué tipos de anuncios desea crear para su página. Tendrá la opción de crear una campaña completa, o crear un shell de campaña donde los parámetros tales como el presupuesto y la audiencia ya están establecidos. La parte creativa de la campaña se puede diseñar en una fecha posterior.

Si desea publicar un anuncio de inmediato, deberá hacer clic en "Creación guiada de anuncios" y seguir los pasos para crear su anuncio. En primer lugar, tendrá que elegir cuál es su objetivo. Facebook ofrece 11 objetivos diferentes, que van desde el conocimiento de la marca o el alcance hasta las conversiones y las ventas por catálogo. Elija el que más se ajuste a los objetivos de su marca y utilícelo como base para toda la creación de su anuncio. Si hay unos pocos que se alinean, considere la posibilidad de ejecutar un anuncio de prueba dividido, lo que esencialmente significa que usted crea dos anuncios completamente diferentes con objetivos y contenido creativo diferentes y lo anuncia a su audiencia. Esta estrategia de pruebas divididas es una gran manera de descubrir a qué responde mejor su audiencia, lo que puede llegar a ser muy valioso en futuras campañas publicitarias.

Una vez que haya elegido su objetivo, se le conducirá a una pantalla que le permitirá diseñar el contenido creativo y técnico de su anuncio. Allí, se le guiará a través del diseño del aspecto de la campaña, la elección de quién puede ver su campaña, y decidir dónde se colocará en Facebook y/o Instagram. Por último, usted determinará cuál es su presupuesto para que su anuncio solo cueste la cantidad que usted está dispuesto a gastar y cuánto tiempo desea que se ejecute el anuncio. Facebook le permite programar los anuncios para que comiencen y terminen en ciertos días o puede elegir ejecutar una campaña continua que atraiga constantemente clientes potenciales mes tras mes. Elija la opción que mejor se adapte a su presupuesto y a los objetivos generales de su empresa.

Al crear su anuncio, asegúrese de prestar mucha atención a la guía de Facebook. Ofrecen muchos consejos sobre cómo elegir imágenes de alta calidad, qué escribir y cómo elegir el público adecuado para su campaña. También debe prestar atención a la investigación de mercado que ya ha realizado para asegurarse de que se dirige a la audiencia correcta, utilizando las imágenes correctas y diseñando la leyenda correcta para animar a la gente a que se involucre realmente con su contenido. Diseñe su anuncio como si estuviera diseñando una publicación de alta calidad y asegúrese de que sea atractivo e interesante. Evite crear un anuncio que sea spam, que se parezca demasiado a "cualquier otro anuncio" o que carezca de un contexto atractivo o interesante que anime a alguien a hacer clic y prestar atención.

Monitorear su rendimiento

Una vez que su anuncio ha sido publicado, tendrá que supervisar su rendimiento. En Facebook, tiene la opción de desactivar los anuncios que no tengan el rendimiento que desea, así que no tenga miedo de detener el rendimiento de cualquier anuncio que no esté captando la suficiente atención o que esté siendo visto por la audiencia equivocada. Es imperativo que preste atención a los análisis que recibe cada día. Usted no quiere pagar dinero por anuncios que no están funcionando lo suficientemente bien.

Puede prestar atención al rendimiento de su anuncio volviendo a su cuenta de administrador de anuncios y ver cuántas impresiones e interacciones está obteniendo cada anuncio. Para asegurarse de que su anuncio se está desempeñando bien, preste atención a cuántas de estas impresiones y compromisos se están convirtiendo para ayudarle a alcanzar sus objetivos y quién está prestando realmente atención a sus publicaciones. Cuando usted tiene anuncios que apuntan a la audiencia correcta y se desempeñan bien mediante la creación de reacciones fuertes, asegúrese de prestar atención a la forma en que el anuncio fue creado, lo que decía, y lo que se estaba ofreciendo para que pueda empezar a recrear estos anuncios. ¡De esta manera, todos sus anuncios deberían comenzar a funcionar de manera más efectiva!

Sección 5: LinkedIn

Capítulo 14: Estadísticas de LinkedIn y tendencias

LinkedIn es una poderosa plataforma de redes sociales para que los profesionales conecten entre ellos. Tiende a estar muy subestimada debido a que muy pocas personas entienden qué es la plataforma y cómo funciona. LinkedIn es en realidad una excelente plataforma para conectarse con socios potenciales, así como para sentar las bases para aumentar las cifras de ventas en su negocio. También puede utilizar LinkedIn para ayudarle a conectarse con nuevos empleados o para descubrir nuevos contratistas que le ayuden a hacer crecer su negocio. Hay muchas maneras positivas en que LinkedIn puede ser organizado en su estrategia de éxito para su negocio, lo que hace que valga la pena examinarlo y considerarlo como parte de su plan de acción.

¿Quién usa LinkedIn?

A partir de 2018, LinkedIn se convierte en la plataforma número uno para las conexiones de empresa a empresa. Cuenta con un número de profesionales altamente capacitados que buscan conectarse con otras compañías para promover sus propias marcas. LinkedIn cuenta actualmente con más de 590 millones de usuarios, de los cuales se cuentan 260 millones como activos mensualmente. Cuando se trata de conectarse con individuos poderosos, LinkedIn ofrece una demografía que cuenta con más de 61 millones de usuarios que son considerados influenciadores de alto nivel y 40 millones de los cuales están en condiciones de tomar decisiones clave en sus empresas. La distribución de la proporción de hombres a mujeres en LinkedIn es bastante equilibrada, ya que el 56% de los usuarios son hombres y el 44% mujeres. Solo el 13% de la población de LinkedIn pertenece a la generación Millennial (15 a 34 años), lo que significa que el 87% de los usuarios de LinkedIn tienen más de 35 años, y esto la convierte en una gran plataforma para cualquiera que busque conectarse con profesionales de mediana edad.

¿Quién NO debería usar LinkedIn?

Si está planeando usar LinkedIn, necesita hacerlo con la intención de conectarse con otros negocios y personas influyentes de la marca. Si usted es una marca de servicios profesionales, LinkedIn es perfecta porque lo pondrá en contacto directo con su cliente ideal.

Sin embargo, si usted es una marca de productos o servicios personales, tendrá que ajustar su uso de LinkedIn si está decidido a incorporarlo a su estrategia de éxito. El ajuste clave que tendrá que hacer es usar LinkedIn para ayudarle a hacer crecer sus conexiones, red, o back end - en lugar de usarla para ayudarle a hacer más ventas en su negocio.

Por lo tanto, si usted vende moda, por ejemplo, usar LinkedIn para ayudarle a conectarse con más compañías que pueden querer vender sus productos en sus tiendas (en lugar de usarla para conectarse con clientes reales) tendría sentido. Si usted no está en una posición en la que necesita conectarse con más marcas y negocios, LinkedIn puede no ser la mejor plataforma para que usted intente hacer crecer su marca.

Capítulo 15: Creando una estrategia para LinkedIn

LinkedIn es una plataforma relativamente fácil de usar, ya que está estructurada de forma similar a Facebook y puede ser utilizada para generar conexiones de negocio productivas y significativas si se utiliza correctamente. Si está buscando usar LinkedIn para su negocio, le alegrará saber que incorporarlo a su estrategia de éxito es simple y se puede hacer con una curva de aprendizaje relativamente sencilla, especialmente si ya está utilizando Facebook de una manera u otra.

Para dominar completamente su estrategia de LinkedIn, hay tres pasos que tendrá que seguir: crear su perfil, crear su red y participar en la plataforma. Una vez que empiece a aplicar estas tres estrategias, crecer en LinkedIn se vuelve bastante sencillo.

Creando su perfil

El primer paso para crecer en LinkedIn es construir su perfil, lo cual se puede hacer registrándose y siguiendo las instrucciones para completar su nombre, añadir unas cuantas conexiones y añadir una imagen a su perfil. Una vez que haya seguido los primeros pasos guiados, su perfil de LinkedIn será completado de una manera bastante básica. Si no entra en su perfil y rellena información adicional, se dará cuenta de que no está aprovechando al máximo la plataforma y todo lo que tiene para ofrecerle. Para completar su perfil, entre a su cuenta, vaya a su perfil y haga clic en "Editar".

Desde la pantalla de edición de su perfil, agregue una imagen de fondo que sea relevante para su marca o negocio, de modo que cuando la gente llegue a su perfil, la vea y obtenga instantáneamente una idea de la imagen general de su marca. Luego, usted debe ajustar su titular para que diga algo más que el título de su puesto de trabajo, que es el titular natural o automático que se carga cuando crea su cuenta por primera vez. Deje que su titular refleje un poco de su personalidad al incluir unas pocas palabras sobre lo que hace, cuál es su objetivo o en qué se diferencia de otras personas en posiciones similares a las suyas.

Otra parte de su perfil que le permite ofrecer más información es su resumen, donde usted añade quién es y por qué está en LinkedIn. Mientras que usted podría usar esto como un lugar para resumir literalmente su perfil, también podría usarlo como un lugar donde puede compartir una historia sobre usted mismo, su marca y su misión. Haga que este área de su plataforma cobre vida ofreciendo razonamientos sobre por qué sus habilidades son valiosas, cómo ayuda a la gente y por qué le apasiona lo que hace. La personalización que usted ofrece aquí es una gran oportunidad para diferenciarse de otros individuos en su industria y ofrecer una presentación más formal y amistosa de usted y sus servicios.

LinkedIn le permite hacer una lista de todas sus habilidades relevantes, lo que permite a sus potenciales seguidores ver de lo que es capaz de crear o hacer en su negocio. Es una buena idea llenar todas las habilidades relevantes para el trabajo que usted hace para que, si alguien tropieza con su página y quiere revisar su perfil antes de contactar con usted, puedan obtener mucha información sobre si usted está o no cualificado para trabajar con ellos.

Creando sus redes

Lo siguiente que necesita hacer en LinkedIn es construir su red, lo que le permitirá comenzar a establecer conexiones significativas y a usar la plataforma para construir su red. Cuando usted se registra por primera vez, LinkedIn le recomendará conexiones en su industria que pueden ser relevantes o positivas para usted. Sin embargo, es importante que usted vaya más allá de estas conexiones iniciales y empiece intencionalmente a conectarse con más gente. Puede empezar por seguir cinco hashtags relevantes en su perfil y luego comentar y participar en las publicaciones que surjan con estos hashtags. De esta manera, puede empezar a crear inmediatamente puntos de conexión genuinos con las personas con las que desea comunicarse en la plataforma.

También puede hacer crecer su red siguiendo a los líderes e influencers de la industria y compartiendo contenido relevante en su inicio. Asegúrese de que usted está construyendo una línea de tiempo que la gente de su industria estaría interesada en ver para que, cuando lleguen a su perfil, puedan decidir rápidamente si usted estaría interesado en participar o no. Cuando la gente comente sus mensajes o responda a sus comentarios en cualquier otra parte de la plataforma, asegúrese de que está respondiendo para poder empezar a construir relaciones. Como la mayoría de las plataformas de medios sociales, usted construirá la red más grande y productiva al comprometerse con la gente y buscar establecer conexiones valiosas en lugar de construir sus números y nunca tomarse el tiempo para crear relaciones con sus seguidores.

Interactuando con la plataforma

Hay tres maneras de participar en LinkedIn: compartiendo actualizaciones, comentando las actualizaciones de otras personas y enviando mensajes directos a los usuarios. Cuando se conecta con la gente y se involucra, asegúrese de que cada pieza de contenido que comparte sea auténtica y significativa para evitar que parezca spam o inauténtica. Lea las entradas y comente a cambio sobre su opinión única o su creencia genuina. Establezca la intención de iniciar conversaciones o conexiones a través de sus comentarios. No pierda su tiempo comentando cosas sin sentido en los posts, ya que esto solo resultará en que pueda construir posibles números, pero nunca en crear conexiones significativas que puedan convertirse o volverse productivas para usted o para su conexión de alguna manera.

Al crear contenido, sepa que LinkedIn prefiere el contenido de formato largo que ha sido escrito con la intención de iniciar conversaciones. Cuando la gente hace comentarios y participa en su conversación, responda a los comentarios y mantenga una conversación significativa con ellos para construir una relación y comenzar a aprender más acerca de las personas en su red. Esta no solo es una buena manera de crear conexiones profundas, sino que también le permite comenzar a aprender más sobre su industria y descubrir cómo puede compartir contenido más relevante con sus seguidores. Este tipo de relaciones y conexiones son excelentes para la investigación de mercado, permitiéndole tener una clara comprensión de lo que su audiencia desea y cómo puede servirles de una manera más poderosa.

Capítulo 16: Comercializando su marca

En LinkedIn, hay varias maneras de comercializar su marca y empezar a trabajar constantemente para lograr los objetivos de las redes sociales que usted mismo se ha propuesto. En este capítulo, usted va a aprender cuatro maneras en las que puede empezar a comercializar su marca en LinkedIn para que pueda empezar a construir reconocimiento de marca, y la gente pueda encontrarle e interactuar con usted de forma regular.

Noticias de la compañía

Una gran manera de empezar a compartir en LinkedIn es compartir noticias de la compañía en la plataforma para que la gente pueda seguir el crecimiento que su empresa está experimentando. Si aloja un blog en su sitio web, puede compartir sus entradas de blog con extractos en la plataforma como una forma de comenzar a ofrecer contenido atractivo sobre su empresa para que la gente lo lea y lo siga. Si no lo hace, siempre puede escribir sobre las noticias directamente en actualizaciones para que la gente las lea, permitiéndoles comenzar a seguir el desarrollo de la historia de su marca.

Compartir noticias de la compañía en línea no solo es una gran manera de mantener a la gente comprometida e interesada, sino que también ayuda a la gente a sentirse como si fueran una parte íntima de su marca en general. Recuerde, a sus seguidores les encanta sentir que están estableciendo relaciones genuinas y significativas con su marca, ya que esto les permite sentir que son exclusivos y parte de su "club secreto". Cuando usted comparte noticias de la compañía con su audiencia de LinkedIn, les ayuda a sentirse como si estuvieran al tanto de la información especial y los mantiene sintiéndose cerca y conectados con su marca. Cuando las personas comienzan a establecer esta conexión más cercana, empiezan a sentirse como si estuvieran invirtiendo en su marca, lo que les anima a seguir prestando atención y a seguir su historia.

No tenga miedo de compartir todas las noticias de la compañía con sus seguidores de LinkedIn. Si lanzó un nuevo episodio de podcast, contrató a un nuevo empleado, abrió una nueva ubicación o asistió a una reunión para poner algo en acción, compártalo en la plataforma. Incluso si usted está organizando una venta, un especial, o está pensando en introducir un nuevo servicio o producto, publique información sobre ello en LinkedIn. Cuanto más atraiga a la gente a la experiencia de su marca, más atención y cuidado prestarán a lo que usted está publicando.

Compartir contenido relevante

Dado que es probable que no desee compartir noticias de la empresa en exclusiva, también querrá asegurarse de que comparte contenido relevante en su plataforma. Cada vez que comparta los mensajes de otra persona o actualice algo en su plataforma, asegúrese de que está compartiendo contenido que sea relevante para su audiencia y su marca. Evite compartir cosas solo porque están de moda, ya que esto hará que usted tenga una plataforma que realmente no tiene sentido para su audiencia. Cuando la gente se desplaza por su perfil o la página de su negocio, deben saber exactamente de qué se trata su marca y qué imagen utiliza tan pronto como se desplaza. Si su imagen, vibración o mensaje general no es claro, debe concentrarse en cambiar su estrategia para asegurarse de que todo lo que comparte se suma a su presencia general en LinkedIn y ayuda a la gente a descubrir exactamente quién es su empresa y por qué deben prestarle atención.

Publicaciones de patrocinio

LinkedIn ofrece la oportunidad de compartir los posts patrocinados. Esto le permite impulsar su marca en el tiempo de las personas y aumentar sus posibilidades de ser visto por sus seguidores existentes y por personas que aún no han tenido la oportunidad de conectar con su marca. El uso de mensajes patrocinados en LinkedIn es una gran manera de empezar a hacer crecer su empresa aún más, ya que le ayuda a tener un mayor alcance y crear más atracción con los mensajes que patrocina. Puede crear mensajes patrocinados en LinkedIn entrando en la configuración de su página y pulsando "Crear Contenido Patrocinado" que le llevará al gestor de campañas de LinkedIn. A partir de ahí, usted puede seguir la guía de LinkedIn en la creación de mensajes patrocinados por feeds directos que tengan una audiencia específica o crear mensajes de feeds que tengan una audiencia más amplia y se conecten con más personas que pueden o no ser directamente parte de su audiencia objetivo.

Seguimiento de análisis

Aunque el seguimiento analítico no es una forma de comercializar directamente con la audiencia, le da la oportunidad de ver a qué le gusta prestar atención a su audiencia para que pueda empezar a proporcionarles contenido más relevante. Puede realizar un seguimiento de sus análisis en LinkedIn utilizando el gestor de análisis integrado de la plataforma que está disponible para todas las páginas de la empresa y de la marca. Allí, usted verá qué contenido está recibiendo la mayor atención basándose en quién lo está viendo, cuántas personas lo están viendo, cuánta gente está interactuando con él y de qué manera lo está haciendo.

Idealmente, usted debe crear más contenido que esté alineado con el contenido con el que ya se está involucrando y menos contenido que se alinee con cosas que no han recibido mucha participación en absoluto. Cuanto más alinee sus mensajes con lo que su audiencia le está diciendo indirectamente que quiere ver más, más atención obtendrá y más grande y relevante será su presencia. Vale la pena invertir su tiempo en la creación de contenido más relevante en LinkedIn, así que no tenga miedo de ver esto como una estrategia de marketing significativa y dedicar tiempo para prestar atención a su análisis cada semana. Cuanta más atención preste, más fácil le resultará dirigir su contenido hacia su audiencia y crecer.

Sección 6: Pinterest

Capítulo 17: Estadísticas de Pinterest y tendencias

Pinterest es un popular motor de búsqueda basado en fotos que permite a la gente compartir contenido y hacer que se vea en los próximos años. La vida útil del pin medio es mucho más larga que la de los posts de la mayoría de plataformas, lo que hace que esta sea una excelente estrategia a largo plazo para marcas de todas las variedades. El sector más popular que está creciendo rápidamente en Pinterest incluiría a los bloggers que comparten enlaces por cada nuevo post que han creado en su plataforma para aumentar su compromiso y que los vean más individuos. Sin embargo, Pinterest ha sido utilizado por muchas otras marcas para impulsar el compromiso y el crecimiento, desde tiendas minoristas hasta individuos basados en servicios que venden sus prestaciones en el espacio en línea. La mayoría de las personas que están en línea pueden utilizar Pinterest para atraer más atención hacia su negocio, lo que hace de esta una plataforma popular para personas de una variedad de industrias y sectores diferentes.

¿Quién le saca el mayor provecho a Pinterest?

Pinterest es mejor utilizado por las marcas de estilo de vida que buscan utilizar el marketing visual como una forma de promocionar el aspecto de su marca e invitar a más gente a unirse a su público. También es una gran plataforma para cualquiera que tenga información interesante o convincente que compartir y que quiera compartirla a través de fotografías. Los dos tipos más comunes de pines que se pueden re-pinar son los que enseñan algo o los que inspiran algo en las personas que miran las fotografías. Si tiene una marca en la que tiene información interesante y educativa para compartir con otros, o si tiene una marca en la que tiene información inspiradora para compartir con otros, crear una presencia en Pinterest es una gran manera de mostrar sus conocimientos o inspirar a su audiencia.

En 2018, Pinterest tenía 250 millones de usuarios activos mensualmente. Dos millones de usuarios estaban ahorrando pines relacionados con las compras en sus tarjetas todos los días, lo que significa que se trata de una potente plataforma para que sus productos y servicios lleguen directamente a las audiencias que están listas para consumirlos. Pinterest tiene una audiencia muy específica. El 81% de los usuarios que están activos en Pinterest son mujeres y la mayoría de estos usuarios son millennials que están usando los pines para inspirarse o educarse. La edad media de los usuarios de Pinterest es de 40 años, aunque más de la mitad de los usuarios de la plataforma son menores de 40 años. Si usted está buscando apuntar a mujeres millennials como parte de la audiencia de su marca, Pinterest es una excelente plataforma.

¿Quién debería evitar Pinterest?

Si usted tiene una audiencia que es principalmente masculina o que no busca ser inspirada o educada, lo más probable es que Pinterest no sea el lugar para usted. Además, si no tiene un blog o algún tipo de contenido con el que pueda enlazar regularmente a la gente, es posible que Pinterest no sea un lugar efectivo para promocionar su marca. Aunque la vida útil de un Pin es significativamente mayor que la vida útil de los posts en otras plataformas, la creación de contenido en Pinterest necesita ser algo consistente para que su perfil pueda ser visto sobre los demás y sus Pins puedan ser clasificados más altos que los otros pins de la plataforma.

Capítulo 18: Creando una estrategia para Pinterest

Si ha decidido que Pinterest es la plataforma adecuada para usted, hay una estrategia sencilla que puede utilizar para sacar el máximo provecho de la plataforma. Esto incluye el diseño de imágenes de alta calidad de Pinterest, la carga de los Pins con la información adecuada, y la creación de paneles relevantes que la gente puede recorrer, seguir o repasar. En este capítulo, aprenderá cómo puede crear una estrategia de Pinterest simple y efectiva que le ayudará a empezar a hacer crecer una audiencia poderosa en la plataforma de inmediato.

Diseñando las imágenes de sus Pins

Lo primero a lo que debe prestar atención es al diseño de imágenes Pinterest de alta calidad, ya que la gente que está en la plataforma quiere ver contenido de alta calidad y magnetizante. Hay algunas formas de crear gráficos de alta calidad para Pinterest, utilizando plataformas como WordSwag, Photoshop o Canva. También puede considerar contratar a un diseñador gráfico para que cree sus gráficos de Pinterest si no está particularmente inclinado al diseño. Lo único que debe asegurarse es que todos sus gráficos contengan los colores de su marca, un propósito claro y el logotipo o nombre de su marca en algún lugar. Ya que sus pines serán re-pinteados, usted quiere asegurarse de que está aprovechando la oportunidad de construir su conciencia de marca y ser visto por aquellos que están buscando información como la suya.

Si realmente quiere aumentar sus posibilidades de ser re-pinteado por su audiencia, podría considerar diseñar pines que se ajusten a 2-3 esquemas de color y diseños diferentes para cada post que realice. Algunos de sus seguidores pueden tener ciertas imágenes que les gustan o pueden querer diseñar sus tablas para que tengan una apariencia particular. Por lo tanto, la creación de unos cuantos pines diferentes que ellos puedan elegir es una gran manera de atender a más de su público objetivo. Si aloja un blog, puede buscar herramientas para ocultar estas imágenes dentro de su blog de modo que las imágenes adicionales no se puedan ver cuando la gente lea la entrada real, pero que se puedan ver cuando la gente vaya a fijar las imágenes en sus foros de interés.

Montando sus Pins

Una vez que haya diseñado sus pins, tendrá que cargarlos en su cuenta de Pinterest para que los usuarios de Pinterest puedan encontrarlos. Para hacer esto, simplemente vaya a su cuenta, toque el signo más y haga clic en "Agregar nuevo Pin". A continuación, puede añadir el enlace a la página web que desea anclar, elegir la imagen que desea cargar en Pinterest y guardar ese pin en una de sus placas.

Además de subir la imagen y el sitio web en sí, tiene la oportunidad de crear una descripción del pin y añadir algunas etiquetas que ayudan a categorizar el pin en búsquedas relevantes. Asegúrese de crear una descripción clara y pegadiza que anime a la gente a prestar atención y hacer clic en el pin que ha creado. También puede darle seguimiento con el nombre de su marca al final en un formato de estilo de firma para que cuando la gente vea el broche y lea la descripción, también vean el nombre de su marca. De esta manera, si miran el nombre de la marca en la imagen, la ven en la descripción, lo que ayuda a anclar aún más el reconocimiento de la marca entre sus seguidores.

Si no está seguro de qué palabras clave utilizar, puede considerar la posibilidad de utilizar una herramienta de búsqueda de palabras clave como Google Keywords o simplemente ir a la barra de búsqueda de Pinterest y escribir una palabra que sea relevante para su nicho o Pin y ver qué búsquedas populares se muestran. Debe asegurarse de que está usando palabras clave que reflejen con precisión lo que está compartiendo y lo que la gente puede ganar con sus Pins.

Si comparte algo irrelevante o lo clasifica usando una etiqueta que no refleja directamente lo que ha compartido, su pin podría ser marcado. Si le marcan demasiadas veces, es posible que tus pines sean eliminados de los resultados de la búsqueda o que su cuenta sea eliminada por completo, ya que Pinterest puede llegar a pensar que está enviando spam a la cuenta. Por esa razón, sea muy claro e intencional sobre las etiquetas que utiliza en la plataforma.

Creando su Pinboard

Los Pinboards son una oportunidad para que usted comparta pines similares en una categoría en la que usted y cualquier persona que le siga pueden encontrar fácilmente estos pines. Como marca, usted quiere aprovechar los Pinboards creando material relevante para su propia marca y actualizándolos regularmente con contenido relevante para su audiencia. Asegúrese de que sus foros sean específicos y de que solo comparta los pines relevantes para que la gente que siga sus foros pueda ver solo el contenido que más le interese. Por ejemplo, si usted es chef y tiene un blog de comida, cree pizarras tituladas "Recetas fáciles para el almuerzo" o "Recetas de postres Gourmet". De esta manera, la gente sabe exactamente qué esperar de cada foro y puede seguir los que comparten contenido relevante para sus intereses.

La creación de foros relevantes no solo es una gran oportunidad para categorizar su contenido, sino que también le permite promocionarse a sí mismo. Cuando la gente llega a su perfil y ve exactamente los títulos de sus foros, pueden descubrir rápidamente a qué áreas de su nicho le presta atención y le sirve más, lo que permite a los seguidores potenciales decidir rápidamente si son parte de su público objetivo o no.

Capítulo 19: Siendo re-pinteado

Ser re-pinteado en Pinterest no es terriblemente difícil, aunque se necesita práctica para encontrar la zancada y desarrollar regularmente el contenido que le va a hacer ver y compartir entre su público objetivo. Es importante que siempre preste atención y se concentre en ser re-pinteado, ya que así es como llega más lejos y se mantiene más relevante en la plataforma para que pueda crecer continuamente. Recuerde, muchos bloggers y creadores de contenido afirman que Pinterest es su plataforma número uno para canalizar a la mayoría de sus visitantes a su sitio web, por lo que, si se utiliza correctamente, esta plataforma puede tener un gran impacto en el aumento de la notoriedad de su marca y en la conversión de la misma.

Comparta sus Pins en otro lugar

Una buena manera de aumentar su visibilidad en Pinterest es que le vean en otras plataformas compartiendo sus gráficos y mensajes de Pinterest allí. Cuanto más comparta sus mensajes o contenido que también esté vinculado a Pinterest, mayores serán sus posibilidades de ser encontrado. Por lo tanto, si escribe una entrada de blog y tiene gráficos listos para Pinteresados incorporados en la entrada del blog, cuanto más compartas esa entrada en otras plataformas, más probable será que se vea y más probable será que esas imágenes sean etiquetadas en los tableros de Pinterest de sus lectores.

También puede sugerir que la gente fije su contenido en Pinterest compartiendo los mensajes con los gráficos apropiados y diciendo cosas como "OMG, estos trajes son tan lindos, ¡fija tus favoritos para más tarde!" Esto permite a la gente saber que sus gráficos están listos para Pinterest y que ya están pensando en usar Pinterest para etiquetar su mensaje cuando empiecen a leerlo. De esta manera, es más probable que se aprovechen de fijar sus mensajes o de aprovechar sus insignias de interés desde el momento en que empiezan a leer su mensaje.

Cuando comparta en otras plataformas, también puede crear gráficos que incluyan un pequeño logotipo de Pinterest en la esquina de esos gráficos. Por lo tanto, si crea contenido que está compartiendo en la red, puede añadir un pequeño logotipo de Pinterest a la esquina de su gráfico para que cuando la gente le vea compartirlo, por ejemplo, en Facebook, ya sepan que pueden seguir adelante y fijarlo también. Estas son excelentes formas de mostrar a la gente que está en Pinterest y animarles a que lean su mensaje y luego lo coloquen o vayan directamente a su perfil de Pinterest y vean qué más tiene que ofrecer.

Algunas personas darán un paso más allá y añadirán su nombre de usuario de Pinterest a sus tarjetas de visita y otros materiales de marketing fuera de línea. Esta es una excelente manera de hacer saber a sus conexiones fuera de línea que usted está en Pinterest para que puedan empezar a conectarse con usted en línea y navegar por todos los grandes Pins que tiene que ofrecer. El equivalente en línea de esto también sería añadir su gestor de Pinterest a sus correos electrónicos si envía boletines de noticias por correo electrónico o incluso incrustar gráficos listos para Pinterest en sus correos electrónicos para que cuando la gente reciba sus boletines de noticias por correo electrónico, puedan ir directamente a su página de Pinterest.

Otra gran manera de que puedan encontrarnos en Pinterest es unirse a grupos específicos de Pinterest en Facebook, ya que muchos bloggers y creadores de contenido se reúnen en grupos para aumentar el contenido de cada uno de ellos al gustar y re-pintear imágenes. Puede unirse a estos grupos y empezar a colaborar y conectarse con otros usuarios de Pinterest. En ese proceso usted puede aprender más acerca de Pinterest al mismo tiempo que publicita su marca y dirige más ojos hacia su perfil.

Haga uso de las insignias de Pinterest

Las insignias de Pinterest son insignias que se pueden colocar en Internet para animar a la gente a entrar en su perfil. El estilo de insignia más común es el que aparece sobre las imágenes cuando la gente se desplaza por su blog para que puedan fácilmente tocar la insignia y fijar cualquier gráfico de esa página en particular en su sitio web en sus Pinboards de Pinterest. Se pueden utilizar varios plugins para crear gráficos con Pins en su blog, por lo que es posible que necesite ver lo que está disponible en su plataforma de alojamiento de blogs para crear las insignias de Pinterest. Los plugins de la insignia de Interés Común incluyen: Insignia de Interés, Pin It on Pinterest, Pinterest for Galleries y Pinterest Block.

Además de colocar insignias en sus imágenes reales, también puede crear insignias de Pinterest en otro lugar de su sitio web y en Internet. Si bloguea, puede hacer que las entradas tengan su propio botón "Compartir en Pinterest" para que la gente que quiera mantener su entrada disponible para volver a visitarla pueda compartirla fácilmente en Pinterest. También puede añadir una función de compartición similar junto a productos, servicios, presupuestos o cualquier otra cosa en su sitio web que le apetezca poner a disposición en Pinterest para que la gente pueda encontrarle. También puede incrustar las pestañas "Compartir en Pinterest" en los boletines de noticias por correo electrónico. Además de incrustar imágenes pinnable en sus correos electrónicos como se sugirió anteriormente, puede compartir una insignia de Pinterest independiente real en su correo electrónico para que la gente pueda guardar su contenido.

Haga que su perfil sea atractivo

La gente de Pinterest está buscando perfiles estéticamente atractivos que seguir y pines para re-pintear, ya que se sienten muy atraídos por todo lo visualmente atractivo. Si quiere aumentar la atención que gana en la plataforma, haga que su perfil sea más atractivo. Piense cuidadosamente cuando ponga cosas en sus boards, ya sean los suyos o los de otra persona, ya que no quieres tener boards llenos de gráficos que no tienen sentido juntos. Cree una imagen de marca asegurándose de que todo fluye bien y cree una sinergia entre todos sus mensajes. De esta manera, sus tablas se verán atractivas desde el punto de vista estético.

También tiene que ser muy cuidadoso con la creación de los gráficos de Pinterest, ya que quiere asegurarse de que cada uno de los gráficos que comparte sea de alta calidad y llamativo. No use exactamente la misma plantilla e imagen en cada uno de los gráficos de Pinterest, ya que esto no se verá atractivo y hará que sus tablas se vean bastante aburridas. En su lugar, utilice diferentes plantillas y tarjetas de diseño que fluyan bien juntas sin parecer una imagen repetida que se comparte varias veces, de modo que es más probable que la gente preste más atención a sus nuevos pins y gráficos, ya que se ven únicos y atractivos.

Además de hacer que los gráficos de sus pines se vean atractivos, asegúrese de usar una imagen de perfil atractiva y de completar su perfil con una descripción que explique claramente quién es y qué comparte. Completando su perfil de esta manera se asegurará de que cualquiera que considere seguirle pueda decir inmediatamente si usted es o no alguien a quien le interesa seguir en línea.

Mantenga su perfil activo

Por último, si quiere que sus pines se encuentren, debe mantener activo su perfil de Pinterest. Recuerde, Pinterest es un motor de búsqueda, lo que significa que su perfil y sus pines deben permanecer activamente reaccionando para poder estar en los primeros puestos de los listados de búsqueda. Cuanto más activo sea su perfil y con más frecuencia se vuelvan a insertar sus mensajes, más probable será que los usuarios de Pinterest lo encuentren y le sigan o etiqueten sus pines en sus propios foros. A medida que esto suceda, Pinterest verá su perfil como activo e interesante, lo que animará a la plataforma a potenciar sus fotos en los resultados de búsqueda y a aumentar sus posibilidades de ser encontrado.

Los expertos en Pinterest sugieren fijar al menos cinco nuevos puestos al día, aunque no sean los suyos, a las juntas públicas que también muestran un alto número de sus propias juntas. Cuanto más haga esto, más ojos atraerá hacia su perfil y más posibilidades tendrá de que sus propios mensajes sean compartidos. No inunde sus tablas con los pins de otras personas porque esto hará que las suyas sean menos visibles, minimizando así sus posibilidades de ser encontrado. Si quiere mantener una mezcla saludable, considere la posibilidad de fijar sus propios mensajes varias veces durante varios días con diferentes imágenes, además de fijar los mensajes que otras personas están compartiendo. De esta manera, usted está aumentando sus posibilidades de ser encontrado, apelando a un mayor número de preferencias estéticas, y manteniendo su perfil activo y relevante.

Mantenerse activo en su perfil es tan importante como mantenerse activo fuera de su perfil para que pueda continuar creando más contenido para llevar a la gente a su plataforma. Debería estar publicando entradas en blogs, nuevos productos o al menos nuevas fotos de productos, y nuevo contenido en otras partes de la red diariamente para tener más contenido al que enlazar en su página de Pinterest.

Debe centrarse regularmente en atraer a personas de otras plataformas e introducirlas en su perfil de Pinterest para que su página crezca constantemente. Cuanta más atención pueda dirigir hacia su plataforma, más probable es que le encuentren y haga crecer su presencia en Pinterest para que pueda empezar a clasificarse más alto y crear más interacciones a través de la plataforma.

Sección 7: Twitter

Capítulo 20: Estadísticas de Twitter y tendencias

Twitter es una plataforma que con frecuencia se ha encontrado en la lista de "muertos" de expertos autoproclamados, que intentan declarar que cada año será el año en que la gente abandone oficialmente el uso de Twitter. Por supuesto, como ya sabe, ninguna plataforma de medios sociales está realmente lista para desaparecer en un futuro cercano, ni siquiera Twitter. De hecho, esta plataforma es masiva y parece seguir creciendo en popularidad a medida que más gente empieza a entender cómo funciona y se une a las conversaciones locales y globales que se comparten en esta plataforma.

Además, Twitter tiene una tasa de conversión increíblemente alta para las personas que están en la plataforma promocionando sus marcas. Tal y como verá en este capítulo, Twitter está lejos de llegar a ninguna parte en un futuro cercano. En realidad, puede servir como una poderosa plataforma de marca para las empresas que comparten un grupo demográfico similar al que más frecuenta Twitter.

¿Quién está usando Twitter?

Twitter está entrando en su decimotercer año en línea, y todavía cuenta con más de 326 millones de usuarios activos mensualmente. Estos usuarios comparten un promedio combinado de 500 millones de tweets por día, cada uno de los cuales participa en conversaciones que se basan en el compromiso, el entretenimiento, la política y otras materias importantes o divertidas. Twitter es una plataforma principalmente móvil, con alrededor del 80% de las personas que utilizan Twitter exclusivamente en móviles, en contraposición a la versión de navegador del sitio, lo que la convierte en una gran herramienta para cualquier empresa que se dirija a usuarios móviles. Dado que los usuarios móviles crean la gran mayoría de la población comercial en estos días, esta es definitivamente una estadística positiva para cualquier marca a considerar cuando se trata de generar una presencia en los medios de comunicación social en línea.

La proporción de mujeres y hombres en Twitter es bastante equilibrada, con un 21% de todas las usuarias de Internet en Twitter y un 24% de todos los usuarios de Internet masculinos en Twitter. Del gran número de personas en Twitter, más del 45% de ellas visitan la plataforma diariamente para mantenerse al día de los eventos locales o de su red compartiendo tweets y volviendo a twittear a los que les interesan.

La mayor parte de la población de Twitter tiene entre 18 y 29 años de edad, ya que representan alrededor del 37% de todos los usuarios de Twitter. El siguiente segmento más popular de la plataforma incluye a los usuarios de entre 30 y 49 años de edad, que representan el 25% de los usuarios totales. Twitter también tiene la mayor proporción de personas que llegan a los perfiles y hacen clic en los enlaces de estos perfiles para que puedan ver qué otro contenido se comparte en línea. Como pequeña empresa, esto hace que el uso de Twitter sea una excelente manera de aumentar sus niveles de interacción.

¿Quién NO debería estar en Twitter?

A diferencia de otras plataformas que suelen ser sencillas, Twitter tiende a tener una curva de aprendizaje más compleja que otras plataformas. Mientras que puede hacer crecer a sus seguidores relativamente rápido en esta plataforma, aprender a participar de manera efectiva en grandes conversaciones y mantenerse relevante en la plataforma puede ser todo un reto. Si usted no está preparado para hacer el esfuerzo de aprender a usar esta plataforma, entrar en Twitter puede no ser la mejor opción en este momento, ya que realmente querrá invertir el tiempo en la creación de esa atracción temprana.

Aparte de la curva de aprendizaje más compleja, la mayoría de las empresas o marcas se beneficiarán de la creación de algún tipo de presencia en Twitter. No solo es una plataforma poderosa para crear conversiones y excelente para ponerse en contacto con su audiencia, sino que también ofrece líneas de servicio al cliente únicas integradas en el sistema, así como la oportunidad de mantenerse alerta sobre lo que está de moda cada día. Si usted es una marca que se nutre de la conexión social y de las últimas tendencias, sin duda debería considerar el desarrollo de alguna forma de presencia en Twitter.

Capítulo 21: Creando una estrategia en Twitter

La creación de una estrategia en Twitter comienza con la comprensión de cómo navegar realmente por la plataforma para que pueda empezar a involucrarse con las personas que son relevantes para su área de trabajo. Sin entender completamente cómo implicarse en la conversación y desarrollar conexiones significativas, usted va a luchar para generar cualquier tipo de atracción en este sitio web. En este capítulo, usted va a aprender acerca de cómo puede crear una estrategia de Twitter sólida como una roca para que pueda empezar a crear conversiones de negocios en esta plataforma de inmediato.

Creando su perfil

El primer paso para crear una estrategia sólida es tener el perfil adecuado que le respalde. Dado que Twitter se conoce por ser una plataforma en la que un promedio de hasta el 80% de las personas que llegan a su página hacen clic en su enlace, es importante que su perfil proporcione a la gente una razón para hacer clic y visitar su sitio web. Puede hacerlo asegurándose de que su perfil se vea atractivo y ofrezca toda la información que la gente necesita saber sobre su negocio de inmediato.

Cuando se registre por primera vez en su cuenta de Twitter, se le pedirá que elija una foto de perfil. Tendrá que hacer clic en el enlace del editor para cambiar su imagen de portada, actualizar su nombre de usuario, crear su descripción y añadir su enlace a su biografía. Puede hacerlo yendo a su cuenta y tocando "editar".

Lo primero que querrá hacer es cambiar su nombre de usuario, ya que Twitter tendrá el suyo configurado, que habría sido generado automáticamente y que probablemente no tenga sentido para usted ni para su marca. En Twitter, su nombre de usuario solo puede tener 15 caracteres, así que, si el nombre de su marca es más largo, necesitará encontrar una forma de acortarlo sin que sea confuso, difícil de recordar o de deletrear.

A continuación, debe realizar una actualización de su descripción para incluir una introducción sencilla sobre lo que es su marca y lo que ofrece. Esto debe ser atractivo e interesante para que la gente pueda conectar inmediatamente con usted y su imagen y decidir si quieren seguirle o no o hacer clic en el enlace que usted también le proporcionará. Puede proporcionar el enlace en la misma página en la que ha actualizado la biografía en su página.

El ingrediente clave de Twitter

Twitter es una herramienta poderosa, pero hay un gran error que la mayoría de las marcas cometen al entrar en Twitter que destruye sus posibilidades de generar cualquier tipo de atracción o de construir una presencia que los ayude a cumplir sus logros en el mercadeo de las redes sociales. Cada plataforma de medios sociales prospera en primer lugar en la conexión social y en segundo lugar en las interacciones basadas en la conversión, pero esto es especialmente cierto para Twitter. A pesar de ser una de las plataformas más efectivas para convertir a las personas en clientes de pago, si no se utiliza de manera efectiva, la gente no querrá comprometerse con su marca porque creerá que la única razón por la que usted está en la plataforma es para explotarlas con su contenido de ventas. En los medios sociales, la gente quiere construir relaciones significativas con las marcas a las que se proponen hacer compras, especialmente en Twitter, donde toda la plataforma se construye en torno al intercambio de conversaciones globales sobre temas de tendencias.

Desafortunadamente, la mayoría de los negocios entran en Twitter y parecen construir una presencia de avaricia en lugar de una presencia de valor. Esto hace que su público objetivo los ignore y que la marca no logre una presencia destacada en la plataforma. Si alguien encuentra sus Tweets y descubre que su página está llena de argumentos de venta y contenido de marketing y carece de un compromiso genuino entre usted y su audiencia, simplemente no van a hacer clic en ella.

Las marcas que se establecen en Twitter de esta manera se presentan como egoístas, codiciosas y desinteresadas en proporcionar un valor genuino a su audiencia. En un mundo donde la prueba social es esencial, este tipo de imagen demuestra que su marca probablemente no está demasiado preocupada por crear productos o servicios de calidad para su audiencia, lo que les lleva a no confiar en usted o en lo que usted tiene para ofrecer.

Si desea desarrollar confianza, primero debe centrarse en proporcionar valor y construir relaciones, y luego crear las ofertas para trabajar con usted o comprar sus productos en segundo lugar. Cuanto más se concentre en construir en alineación con este nivel de integridad, más exitosa será su presencia en Twitter. A medida que su presencia se hace más poderosa, comenzará a obtener más ratios de conversión positivos de su presencia, lo que le facilitará aún más la generación de clientes de pago a través de esta plataforma. Todo comienza con una conexión, que es el ingrediente clave en Twitter.

Compartiendo Tweets

Los tweets son la forma de compartir contenido en Twitter. Los tweets son como actualizaciones de estado, donde puede compartir contenido interesante, enlaces, vídeos o imágenes. Hay dos tipos de

Tweets que puede compartir: los que creó usted mismo o los que está compartiendo o reenviando desde el perfil de otra persona. Ambas actividades son excelentes para estimular las interacciones y hacer crecer su cuenta en Twitter. Estas no son las únicas dos cosas que se mostrarán en su perfil para que todos las vean.

Además de poder ver lo que twittea o retwittea, sus seguidores también pueden ver todo lo que comenta a otras personas, lo que significa que es más fácil para aquellos que están interesados en usted o que le siguen para entablar conversaciones globales con usted. Necesita estar dispuesto a reconocer que esta característica también le hace responsable en la plataforma, ya que todo lo que comparte puede ser visto por todos los que le siguen o visitan la plataforma.

Por supuesto, usted siempre quiere comportarse de una manera que le represente a usted y a su empresa profesionalmente y que le apoye en el crecimiento de su marca, pero necesita ser extra cauteloso en Twitter, ya que todo lo que comente construye la imagen de lo que es usted. Esto significa que, si se involucra regularmente con contenido controvertido, usted va a ser visto como una marca polémica y podría perder seguidores. Además, la reputación que construya en Twitter puede seguirle por toda la red, lo que significa que si la gente percibe que se comporta de forma conflictiva en Twitter, pueden dejar de seguirle en otro lugar para evitar ser asociados con su marca.

A medida que comparte las actualizaciones, las actualizaciones de retweets o los comentarios de otros usuarios, asegúrese de que está prestando atención a cómo encaja ese contenido en su imagen general y si es o no relevante para su marca. Recuerde, este es un perfil de negocio y usted necesita tratarlo como su plataforma de negocios, no como su plataforma personal. Manténgase profesional, participe en contenido relevante y solo comente, cree o comparta contenido que sea claramente relevante para su marca, de modo que todo lo que esté asociado con su perfil y que acabe en él sea relevante para usted y para los productos o servicios que ofrece como empresa.

Participando en las conversaciones

Participar en conversaciones en Twitter puede ser algo confuso, especialmente si no sabe cómo funcionan las conversaciones. Esencialmente, las conversaciones de Twitter existen en hilos largos donde una persona publica su pensamiento u opinión y todas las personas comentan y participan en una conversación de grupo. Lo que puede llegar a ser confuso es que varios subtemas pueden ocurrir en el feed de Twitter, causando así que usted esté involucrado en muchas conversaciones a la vez, incluso si usted está en un solo hilo.

Necesitará tomarse su tiempo y comenzar lentamente a participar en estas conversaciones para aprender cómo funcionan y para evitar ser atrapado en conversaciones de horas de duración o confundirse con lo que se está hablando. Por supuesto, las conversaciones largas y el amplio compromiso de esta manera son excelentes para establecer relaciones entre usted y su público, pero también puede ser confuso y difícil de mantener. Asegúrese de tomarse su tiempo y comenzar lentamente para no abrumarse en la plataforma y fijar su objetivo en el hecho de crear compromiso.

Necesita asegurarse de que las conversaciones en las que se está metiendo son relevantes en general, para evitar participar en conversaciones en las que nadie más está interesado. Cada día, Twitter actualiza su feed de "tendencias" para mostrarle los temas más actuales que existen en todo el mundo en la plataforma de Twitter. Si desea aumentar su presencia rápidamente, participar en estos temas de tendencias y de alguna manera hacerlos relevantes para su marca es una manera poderosa de ponerse en una posición relevante y que la gente quiera volver a su perfil.

Puede hacerlo participando en otros hilos sobre temas de tendencias o creando los suyos propios utilizando los hashtags que se consideran a la moda o relevantes en la plataforma cada día. Cuando lo haga, recuerde que la relevancia es importante, así que evite involucrarse en un tema que tiende a ser completamente irrelevante para su nicho, ya que esto le quitará la imagen general.

Por último, ser el iniciador de la conversación es siempre la mejor manera de crear un gran impacto en la plataforma, pero no todos y cada uno de los tweets que comparte van a desencadenar una conversación. Debe tratar de crear cada tweet con la intención de inspirar una conversación para asegurarse de que está creando una oportunidad para que comience una discusión. Nunca se sabe qué tweet va a ser el que le granjee atención por parte de la gente, así que asegúrese de que cada uno de ellos sea de alta calidad y atractivo.

Capítulo 22: Mercadeo en Twitter

Además de aprender a navegar por la plataforma y construir una estrategia de participación, también es necesario saber cómo se puede comercializar en Twitter. Lo crea o no, la plataforma de Twitter responde mejor a los mensajes de marketing siempre y cuando estén diseñados de una manera efectiva. Como se verá en este capítulo, en 2018 se realizó un estudio que demostró que las marcas de contenido más atractivas compartían de una forma u otra sus promociones, ofertas u oportunidades actuales de trabajar juntas. Si utiliza esta plataforma de manera efectiva, Twitter puede ser una herramienta poderosa para conectar con su audiencia y generar ventas.

Aprovechar la plataforma para búsqueda de mercado

Debido a la naturaleza de Twitter, es una plataforma poderosa cuando se trata de generar estudios de mercado y conectar con su audiencia. A través de las conversaciones, usted puede aprender acerca de lo que le importa a su audiencia, lo que les gusta y dónde están dispuestos a invertir su dinero. Cuanto más participe en la conversación, haga preguntas y preste atención a su público objetivo, más oportunidades tendrá para conectarse con la gente de la plataforma que puede ofrecerle información perspicaz sobre lo que están buscando en empresas como la suya. ¡Entonces, todo lo que necesita hacer es dirigir su marketing, productos y servicios hacia las solicitudes que está recibiendo!

Esta forma particular de investigación de mercado puede ser especialmente útil si usted está en el proceso de crear algo nuevo para su audiencia. Puede descubrir si será eficaz para satisfacer las necesidades de sus clientes basándose en lo que está leyendo en la plataforma. Puede utilizar fácilmente la información que obtenga a través de este estudio de mercado para ajustar sus ofertas, asegurarse de que sus productos o servicios ofrecen todo lo que la gente necesita, y contener información relevante en el contenido de marketing para atraer a los compradores adecuados. Si usted crea sus nuevos productos o servicios de esta manera, particularmente si combina la investigación de mercado que está obteniendo a través de todas las plataformas de medios sociales que está utilizando actualmente, puede garantizar que todas las ofertas se agotarán.

Creando una personalidad de marca

En Twitter, usted tiene una oportunidad única para darle a su marca una personalidad al participar en conversaciones de una manera que represente quién y qué es su marca. En el pasado, las marcas eran simplemente imágenes utilizadas para representar a un equipo de personas que se reunían para diseñar una empresa y eran bastante frías y sin vida. Más recientemente, las marcas pueden tener su propia voz y personalidad al participar en conversaciones como las de Twitter.

Todo, desde la forma en que habla hasta lo que dice y cómo lo dice, contribuirá a la personalidad que está construyendo para su marca, lo que aumenta el interés de su audiencia en crear una relación con su marca. A través de esto, sus fans empiezan a comportarse como si fuera su amigo, en lugar de ser una empresa dirigida por un equipo de empleados. Este tipo de comportamiento construye relaciones significativas entre usted y su audiencia, que los deja sintiéndose comprometidos con la relación que usted comparte, lo que les hace generar un sentido de lealtad y conexión con su marca.

Dese cuenta de que cada cosa que comparte tiene la capacidad de exponer la personalidad de su marca, por lo que necesita mantenerlo todo consistente. No quiere promover una personalidad en un hilo y otra en otro lugar o tener una personalidad en una plataforma y otra diferente. En todas partes donde comparta su marca, debe usar la misma personalidad para asegurarse de que permanezca consistente, reconocible y relacionable en todos los lugares donde pase tiempo en línea. Si tiene un equipo de personas que le apoyan en la creación de su presencia en las redes sociales, asegúrese de que todos los que participan en la publicación sepan cuál es su imagen y cómo ampliarla para que cada mensaje individual contribuya a la personalidad de su marca, en lugar de quitarla.

Sepa qué contenido genera interacciones

Puede que le sorprenda saber qué tipo de contenido es más conocido por participar en Twitter, especialmente cuando se trata de marcas. Mientras que el compromiso social es el número uno en la plataforma, el tipo de contenido que se utiliza con frecuencia cuando se trata de marcas en Twitter es, en realidad, contenido basado en marketing. Un estudio realizado en 2018 demostró que había ocho tipos diferentes de compromiso que las marcas ofrecían que incitarían a los consumidores a comprar hasta cierto punto y que, de estos ocho comportamientos, los que eran directos y auténticos eran los más receptivos. Si usted está en Twitter construyendo su marca, participar en estos comportamientos con el fin de promover su marca es una gran manera de asegurarse de que usted está siendo visto y la creación de conversiones eficaces en la plataforma.

El principal comportamiento que impulsó a la gente a comprar de una empresa fue la capacidad de respuesta, ya que las personas que estaban interesadas en colaborar con la empresa sentían un mayor sentido de conexión y respeto por las marcas que eran altamente receptivas. Cuanto más twittee a la gente, retwittee los mensajes de la gente cuando son relevantes para su marca, y responda a cualquier pregunta o chats entrantes que puedan surgir en su camino, más se considerará que su marca es digna de confianza e interesante. Como resultado de su mayor capacidad de respuesta e interacciones personalizadas, es probable que más personas compren sus productos o servicios.

El segundo tipo de contenido de mayor rendimiento promueve directamente un producto o servicio que usted tiene disponible. Cuando la gente disfruta siguiéndole y le gusta el contenido que produce, es más probable que respondan a promociones directas que les piden que revisen su oferta o venta reciente. Usted necesita construir una presencia y establecer confianza y conexión primero para asegurar que este tipo de mensajes sean vistos y valorados por la gente de su audiencia.

Después de estos dos comportamientos más productivos en Twitter viene el proporcionar contenido educativo y compartir imágenes interesantes. La gente quiere ver que las cosas que está compartiendo son relevantes y les da valor de alguna manera. Si usted está compartiendo valor en la forma de enseñarles cómo hacer ciertas cosas, dejando caer hechos interesantes, o simplemente compartiendo un vídeo que es interesante de alguna manera, esta es una manera poderosa de aumentar la probabilidad de que alguien compre de su marca a través de su cuenta de Twitter.

Las siguientes formas más populares de compromiso incluyen ser divertido, ofrecer contenido exclusivo o proporcionar contenido entre bastidores a su audiencia. Estos tipos de contenido son menos del 40% responsables de la producción de conversiones. Sin embargo, todavía tienen la capacidad de generar interés y compromiso en su plataforma. Ocasionalmente, compartir contenido como este es una gran oportunidad para mostrarle a su audiencia un lado diferente de su marca y darles la oportunidad de comprometerse con usted a través de otro asunto.

La forma menos productiva de convertir a los clientes en la plataforma es hablar mal de las marcas de la competencia, que sorprendentemente todavía atrajo al 10% de las conversiones en la plataforma. Este tipo de comportamiento será más efectivo para empañar su reputación o hacer que parezca mezquino o grosero en lugar de crear conversiones en la plataforma. Si usted está tratando de convertir a la gente de Twitter en clientes de pago, absténgase de hablar mal de otras marcas, ya que esto solo hará que su propia marca se vea poco profesional y desconsiderada. Si quiere demostrar que usted es el mejor, hágalo siendo el mejor, no menospreciando a aquellos que cree que no son tan buenos como usted.

Tweet en un horario. Sea consistente

Finalmente, como con cualquier plataforma, si usted no es consistente con sus tweets, su presencia disminuirá y menos gente prestará atención a lo que está compartiendo. Necesita twittear al menos una vez al día para asegurarse de que sigue siendo relevante en las noticias de los miembros de su audiencia. Usted debe apuntar a tweet y retweet por lo menos cinco veces al día para asegurarse de que está proporcionando un montón de gran contenido para que la gente se involucre en su perfil.

Si twittear al menos cinco veces al día es demasiado para usted, podría considerar usar una plataforma como Buffer o Hootsuite para programar sus tweets de manera que sean compartidos de forma consistente, repartidos uniformemente a lo largo del día. Este tipo de plataformas son ideales para ayudarle a promover continuamente contenido atractivo sin tener que trabajar tanto para administrar varias plataformas a la vez.

Conclusión

¡Gracias por leer *Social Media Marketing!* Este libro fue escrito para apoyarle en la comprensión de las diversas plataformas de medios sociales clave que necesita saber sobre cómo llegar al 2019 y cómo puede utilizarlas en su beneficio. Desde entender los pormenores de LinkedIn hasta aprender a conquistar un Facebook abarrotado de gente. Espero que haya podido aprender todo lo que necesitaba saber para empezar a construir estrategias para estar en línea y construir una presencia para su marca.

Recuerde, la estrategia más efectiva que puede aplicar por encima de todas las demás estrategias en las redes sociales este 2019 es la intención de dominar. No es efectivo saltar a varias plataformas y dispersarse, ya que esto lo llevará a luchar por generar una presencia para su marca. Si desea generar una presencia positiva, necesita centrarse en una o dos plataformas al principio, y luego añadir una o dos más a medida que avance.

Es mejor tener una presencia más grande y más comprometida en una sola plataforma que tener audiencias más pequeñas y menos comprometidas en muchas de ellas.

Ahora que ha leído este libro, querrá asegurarse de que verifica sus objetivos para las redes sociales en este 2019 y empezar a desarrollar una presencia en las plataformas que más le van a servir para alcanzar esos objetivos. Asegúrese de comenzar con el que esté más alineado. Dese tiempo para adaptarse a su curva de aprendizaje y para asegurarse de que comienza a generar ingresos a partir de ella de una manera relativamente rápida. De esta manera, su estrategia de medios sociales es efectiva y vale la pena a largo plazo.

Por último, si le gustó el libro *Social Media Marketing* y siente que le ha ayudado a encontrar una manera poderosa de dominar con el mercadeo en las redes sociales en el 2019, por favor tómese el tiempo para revisarlo en Amazon Kindle. ¡Sus comentarios honestos serán muy apreciados, ya que me ayudarán a generar más contenido para usted!

¡Gracias!

www.ingramcontent.com/pod-product-compliance
Lightning Source LLC
Chambersburg PA
CBHW021829170526
45157CB00007B/2731